CHATS

À ma belle petite chatte sexy...

D.

OCELOT

PANNEAU EN IVOIRE
(VIIIe SIÈCLE AV. J.-C.), LE
LION MANGEUR D'HOMME

ABYSSIN BLEU

CHATS

<small>TEXTE</small>
David Alderton

CRÂNE
DE *SMILODON*
PRÉHISTORIQUE

CHATTE
ET SON CHATON
ÉCAILLE-DE-TORTUE
ET BLANC

CARACAL

Libre Expression <small>MD</small>

UN LIVRE DORLING KINDERSLEY

Pour l'édition originale:
Dorling Kindersley Limited
9 Henrietta Street, Covent Garden, London WC2E 8PS

© 1995 Dorling Kindersley Ltd., London

Pour la version française:
© 1995 Hachette Livre
(Hachette Pratiques, Vie Pratique)

© Éditions Libre Expression 1996
pour le Canada
Tous droits de traduction, d'adaptation
et de reproduction réservés pour tous pays
Dépôt légal: 3ᵉ trimestre 1996
ISBN 2-89111-678-X

Photogravure Colourscan, Singapour
Imprimé en Italie par L.E.G.O.

Sommaire

COMMENT UTILISER CE LIVRE

La première partie présente les caractéristiques générales des félins ; une deuxième partie, plus développée, est consacrée aux différentes races de chats domestiques et aux espèces sauvages. Et si vous voulez "en savoir plus", le livre se termine par des pages pratiques. Une double page en couleurs annonce chaque chapitre et son contenu.

DIFFÉRENTES RACES DE CHATS
L'ouvrage regroupe les chats en fonction de la longueur de leur pelage. Un chapitre est consacré aux espèces sauvages. Dans chaque chapitre, le lecteur trouvera une information détaillée sur les différentes espèces ou races félines.

Code couleur

Le titre nomme le sujet de la page. Si le sujet se poursuit sur plusieurs pages, le titre apparaît en tête de chacune d'elles.

CODE COULEUR
Le coin en haut des pages porte un code couleur qui vous permettra de vous repérer facilement.

RACES PROCHES, PELAGES DIFFÉRENTS

CHATS À POIL LONG

CHATS À POIL COURT

CHATS SAUVAGES

L'introduction constitue une vue d'ensemble du sujet traité. Après l'avoir lue, vous aurez une idée claire du contenu des pages.

Pour plus de clarté, un titre identifie les illustrations quand elles ne sont pas reliées au texte de façon évidente.

<table>
<tr><td>

*En haut de la page
de gauche figure le titre
du chapitre, en haut
de la page de droite,
le sujet traité : cette page
sur les Abyssins
et les Somali se trouve
dans le chapitre
"Races proches, pelages
différents".*

</td><td>

*Les encadrés apportent
des informations
supplémentaires.
Ici, vous trouverez
des détails sur
la couleur des Abyssins
et des Somali.*

</td><td>

LE SAVIEZ-VOUS ?
Des petits encadrés
vous rappellent
d'un coup d'œil
les détails remarquables
ou étonnants propres
au sujet traité.

</td></tr>
</table>

EN SAVOIR PLUS
Les pages jaunes qui se trouvent à la fin
du livre vous proposent des informations
pratiques, des chiffres et des tableaux.
Vous y trouverez également quelques
conseils pour bien choisir ou soigner
votre chat.

*Les légendes en italique
soulignent les détails auxquels
elles sont reliées par un filet.
Elles complètent le texte qui
commente chaque illustration.*

INDEX
Pour faciliter vos recherches, un index
alphabétique achève les pages pratiques :
vous y trouvez tous les noms de chats
et la liste des sujets traités dans le livre.

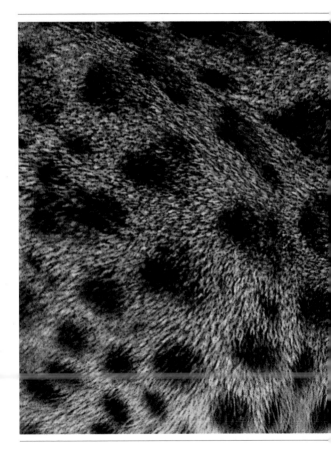

Premiers contacts

Qu'est-ce qu'un Félidé ?

Corps puissant, vue perçante, dents acérées comme
des lames de rasoir et griffes pointues : les Félidés sont les
carnivores les mieux adaptés à la chasse qu'ils pratiquent
souvent en solitaires,
au crépuscule ou
la nuit. Seul le chat
s'est adapté à la vie
avec l'homme,
devenant l'animal
de compagnie
préféré.

LION D'AFRIQUE

CHAT
DE L'ÉGYPTE
ANTIQUE

*Tête courte
et trapue.*

*Pelage couleur
sable permettant
le camouflage.*

*Les chats vivaient près
des agglomérations
où ils pouvaient trouver
de la nourriture.*

*Pattes antérieures
robustes et cou musclé
pour attraper les proies.*

*Les griffes acérées
sont rentrées
quand elles
ne servent pas.*

L'HISTOIRE DU CHAT DOMESTIQUE

Les peintures murales prouvent qu'on
apprivoisait les chats en Égypte 2 500 ans
avant J.-C. Bien que les Égyptiens aient
interdit l'exportation de leurs chats, ils
se répandirent en Grèce vers 500 av. J.-C.
On les signale aussi en Inde vers 100 av. J.-C.

UNE MÈRE
ET SON PETIT

DES MAMMIFÈRES TYPIQUES
Comme tous les mammifères,
les Félidés ont le sang chaud,
un squelette et un cœur
à quatre cavités ;
les femelles
mettent bas
leurs petits et
produisent du
lait pour les nourrir.

*Peau lâche permettant
la liberté
des mouvements.*

*La flexibilité de la colonne
vertébrale permet d'allonger
la foulée quand l'animal court.*

*La queue
représente un tiers
de la longueur
du corps.*

*Les membres
postérieurs
sont actionnés
par les muscles
les plus grands.*

UN CHASSEUR
Chez les Félidés, y compris chez
le chat domestique, tout est adapté
à la chasse. Les Félidés sont agiles,
intelligents et robustes, et réagissent à
la vitesse de l'éclair. Un Félidé s'approche
de sa proie, d'une manière furtive
et discrète, puis il la terrasse.
Les lions sont les seuls Félidés
qui chassent en groupe.

*Les poils longs
et de couleur foncée
qui ornent
l'extrémité
de la queue
sont utilisés
comme
signaux.*

LES PREMIERS FÉLIDÉS

Le plus ancien des Félidés est un petit carnivore
qui ressemblait à la martre et chassait dans les forêts
préhistoriques. Il y a 12 millions
d'années apparurent
les premiers véritables
Félidés dont la
plupart des
espèces ont
aujourd'hui
disparu.

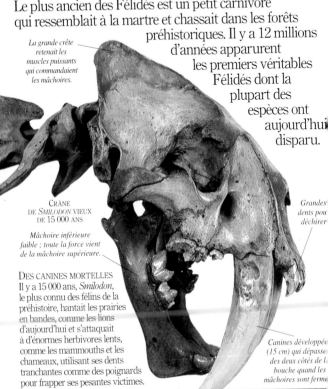

*La grande crête
retenait les
muscles puissants
qui commandaient
les mâchoires.*

CRÂNE
DE *SMILODON* VIEUX
DE 15 000 ANS

*Mâchoire inférieure
faible ; toute la force vient
de la mâchoire supérieure.*

DES CANINES MORTELLES
Il y a 15 000 ans, *Smilodon*,
le plus connu des félins de la
préhistoire, hantait les prairies
en bandes, comme les lions
d'aujourd'hui et s'attaquait
à d'énormes herbivores lents,
comme les mammouths et les
chameaux, utilisant ses dents
tranchantes comme des poignards
pour frapper ses pesantes victimes.

*Grandes
dents pou
déchirer*

*Canines développée
(15 cm) qui dépasse
des deux côtés de l
bouche quand les
mâchoires sont ferme*

SMILODON
À L'ŒUVRE

Mammouth
enlisé dans
du goudron

FOSSE DE RANCHO LA BRÉA

Les restes de plus de 2 000 *Smilodon*
y ont été retrouvés aux États-Unis.
Ils venaient et attaquer les animaux
piégés dans le goudron, finissant
eux-même par s'y enliser.

LEUR HABITAT

Smilodon californicus vivait en
Amérique du Nord. Un Félidé très
semblable, *Megantereon*, rôdait au
nord de l'Inde, en Afrique et sur les
côtes méditerranéennes. Plus tard,
des lions et des guépards géants
parcoururent l'Europe.

Il y a 65 millions d'années   CARNIVORES

57

37

24

5
2
0

HERPESTIDÉS

FÉLIDÉS

HYÉNIDÉS

VIVERRIDÉS

MANGOUSTE   JAGUAR   HYÈNE
INDIENNE   TACHETÉE   GENETTE
                              TACHETÉE

ÉVOLUTION DES FÉLIDÉS

Tous les carnivores descendent du même
ancêtre vieux de 65 millions d'années. La
famille des Félidés apparaît il y a 40 millions
d'années, à partir de la hyène, qui en est une
proche parente. La mangouste et la genette
sont aussi apparentées aux Félidés.

SMILODON
RECONSTITUTION
D'APRÈS
DES RESTES
FOSSILISÉS

Smilodon *avait
à peu près la taille
d'un lion.*

On ne connaît
pas sa couleur
exacte.

DIFFÉRENTES ESPÈCES

La famille des Félidés comprend 39 espèces, allant du tigre au chat domestique. Leurs tailles, aspects, couleurs, ou mode de vie varient beaucoup, en fonction de l'endroit où ils vivent, dans la savane, la forêt, la jungle ou même dans nos maisons.

UN MONTAGNARD
Le lynx roux s'adapte aux habitats variés d'Amérique du Nord, des marécages aux montagnes enneigées. Il appartient à l'un des deux groupes de chats sauvages à queue courte et épaisse. On le chasse pour sa fourrure.

LES CHATS DOMESTIQUES
On trouve à peu près partout le chat domestique, l'un des plus petits membres des Félidés. Il arrive encore que ce chat se reproduise avec son ancêtre sauvage.

Les pattes massives peuvent porter un coup fatal.

RED POINT
BRITISH
SHORTHAIR

TIGRE
INDIEN

LES GRIMPEURS

Certains félins sont d'excellents grimpeurs. Les léopards sont les plus gros de tous. Ils escaladent les arbres et peuvent se jeter sur les animaux sans méfiance qui passent en dessous d'eux. De plus petits félins chassent les oiseaux et les lézards au sommet des arbres.

GRAND CHASSEUR DES SAVANES

On classe le guépard dans un groupe à part parce qu'il est meilleur coureur que sauteur. Sa vitesse inégalée et sa vue perçante font de lui un chasseur des grands espaces.

LÉOPARD

On trouve des léopards en Asie et en Afrique.

LE PLUS GRAND

Le tigre, le plus grand et le plus puissant de tous les Félidés, vit aussi bien en Sibérie que dans les forêts humides d'Asie tropicale. Ceux de Sibérie sont les plus grands. Les tigres sont incapables de courir vite pendant longtemps mais ils sont assez forts pour s'attaquer à de grandes proies. Ce sont aussi de bons nageurs.

Le tigre indien peut peser jusqu'à 260 kg.

Les rayures exceptionnelles de son pelage lui servent de camouflage dans la forêt.

ANATOMIE DU CHAT

Tous les chats sont des prédateurs agiles et athlétiques. Leur corps puissant et souple fait d'eux des coureurs, des sauteurs et des grimpeurs excellents. Certains sont même des as de la natation. Chasseurs hors pair, les chats poursuivent leurs proies à toute vitesse avant de les terrasser. Leurs dents pointues finissent d'assurer la prise.

La queue assure l'équilibre.

Les muscles des membres postérieurs propulsent le chat vers l'avant.

UN SAUT PUISSANT
Les membres postérieurs fournissent une poussée qui permet au chat de bondir. Il atterrit en toute sécurité, même sur des surfaces glissantes.

Le nombre des vertèbres caudales varie selon les espèces.

Vertèbres du cou

Le corps s'allonge et s'étire quand le chat est sur le point de sauter.

Cage thoracique profonde

LE SQUELETTE
Il est formé de 250 os. Les sept vertèbres du cou sont plus courtes que chez la plupart des autres mammifères et la colonne vertébrale est extrêmement souple. Le squelette présenté ici est celui d'un chat domestique, mais c'est le même que celui des grands Félidés.

Les pattes antérieures sont plus courtes que les pattes postérieures.

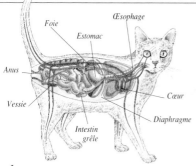

Œsophage

Foie

Estomac

Anus

Vessie

Cœur

Diaphragme

Intestin
grêle

LES ORGANES INTERNES

L'intestin est court et simple, le chat se
nourrissant exclusivement de viande et non
de plantes. La plus grande partie des éléments
nutritifs est absorbée par l'intestin grêle.

*Les puissants muscles
de la mâchoire
sont rattachés aux parois
latérales du crâne.*

*Incisive,
pour mordre*

*Canine, pour
tuer la proie*

*Carnassières, pour
déchiqueter la proie*

*Les coussinets
plantaires
amortissent
l'atterrissage.*

LE CRÂNE DU CHAT

Il est assez gros par rapport au reste
du corps. Les orbites permettent un
large champ visuel. Les mâchoires,
courtes et puissantes, portent des
dents pointues et aiguisées pour
arracher et trancher, mais pas
de dents plates comme celles
de l'homme, faites pour écraser.

*Les pattes antérieures
supportent la plus grande
partie de l'impact quand
le chat touche le sol.*

La tête et la face

La vue perçante, l'ouïe fine, les mâchoires robustes et les dents acérées, tout est prévu pour faire du chat un tueur efficace. Pour être un bon chasseur, il doit penser vite, aussi est-il pourvu d'une intelligence développée. Le chat domestique partage ces qualités avec ses cousins sauvages. Cependant, les élevages sélectifs (les éleveurs tentent de développer des caractéristiques particulières) ont créé une grande variété de formes de têtes et de physionomies. La face du chat peut également se modifier avec l'âge.

UN SIAMOIS HISTORIQUE
Les caractéristiques d'une race peuvent se modifier avec le temps. Ce Siamois, lauréat du début du XXᵉ siècle, a une face arrondie très éloignée de celles des Siamois d'aujourd'hui.

Les adultes mâles ont des bajoues qui ressemblent à un double menton.

Le nez épaté provoque parfois des difficultés respiratoires.

Les Siamois ont de grandes oreilles pointues, larges à la base.

FACE RONDE
La face permet souvent de reconnaître la race d'un chat. Le British Shorthair a une face ronde et une tête volumineuse typiques. Ses oreilles sont largement écartées.

FACE APLATIE
La face du Persan, race à poil long la plus ancienne, a subi des transformations spectaculaires au cours des cent dernières années. Aujourd'hui la tête des Persans est très aplatie.

FACE POINTUE
La face triangulaire est typique des Siamois et des Orientaux actuels. Dans les expositions de chats, on juge les Siamois à leur tête fine et anguleuse et à leurs yeux en amande.

LE ROI DES ANIMAUX

De tous les félins, c'est le lion qui possède la tête
la plus reconnaissable. Sa remarquable crinière
fait de lui le seul Félidé dont mâle et femelle
se reconnaissent facilement. Le rôle de cette
crinière est probablement de donner
au lion un aspect menaçant.
Seuls les adultes mâles sont
parés d'une telle crinière ;
les lions castrés n'en
possèdent pas.

*La couleur et la longueur
de la crinière
varient selon les individus.*

LION
D'AFRIQUE

*Les lions rugissent
pour défier
leurs rivaux.*

*La grandeur
de la gueule donne
de la force
aux mâchoires.*

LE SAVIEZ-VOUS ?

• Le museau du
guépard, plus long
que celui des autres
félins, lui permet
de mieux respirer
quand il transporte une
proie dans sa gueule.

• Les rayures des
tigres sont différentes
selon les individus.

• Un chat est né avec
quatre oreilles en 1978
aux États-Unis.

Les yeux et les oreilles

Les chats, comme tous les prédateurs, dépendent de leur vue et de leur ouïe pour repérer les proies. La plupart chassent la nuit et doivent donc être capables de voir dans l'obscurité. La vue des chats la nuit est six fois plus perçante que celle de l'homme. Par contre leur perception des couleurs est moins développée que la nôtre. Les chats ont également l'oreille fine, ce qui leur permet de localiser précisément leur proie. Ils perçoivent des sons inaudibles pour l'homme et même pour le chien.

DÉTECTEURS DE SON
Les grandes oreilles mobiles du serval, félin de la savane africaine, lui permettent de détecter les cris des rongeurs cachés dans l'herbe.

L'OREILLE EXTERNE
Chez le chat, elle canalise les sons vers le tympan comme un entonnoir. L'oreille peut pivoter pour localiser un son.

Les osselets transmettent le son à l'oreille interne.

Canaux semi-circulaires remplis de liquide.

Le limaçon transforme les vibrations en influx nerveux.

La fenêtre ovale transmet les ondes sonores au limaçon.

Le nerf auditif transmet les signaux au cerveau.

L'OREILLE INTERNE
Les ondes sonores font vibrer le tympan qui, à son tour, fait vibrer les osselets. Les vibrations sont transformées en impulsions électriques qui sont propagées le long du canal auditif jusqu'au cerveau.

Le tympan capte les ondes sonores.

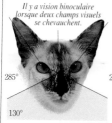

Il y a vision binoculaire lorsque deux champs visuels se chevauchent.

Vision périphérique

285°

210°

130°

120°

VISION CHEZ LE CHAT

VISION CHEZ L'HOMME

LA VISION D'UN CHAT

Le champ visuel du chat est plus large que celui de l'homme. Ainsi, les chats sont alertés par des mouvements se produisant sur le côté ou légèrement derrière eux. Leur vision binoculaire leur permet de voir en trois dimensions et d'apprécier distances et profondeur avec précision.

PUPILLES DANS L'OBSCURITÉ

PUPILLES DANS LA LUMIÈRE

Les yeux des chats fonctionnent comme des miroirs et brillent quand la lumière se reflète dedans, dans l'obscurité.

Dans l'obscurité, les pupilles se dilatent et deviennent presque rondes.

DILATATION DES PUPILLES

La nuit, les pupilles du chat s'agrandissent pour admettre plus de lumière. En plein jour, les pupilles de certains félins ne sont plus que des fentes, chez d'autres, des petits cercles.

UNE BONNE VUE DANS LE NOIR

Le chat voit dans la semi-obscurité, grâce au "miroir" derrière la rétine (*tapetum lucidum*), formé de cellules brillantes qui réfléchissent la lumière et la renvoient une seconde fois sur la rétine.

L'odorat, le goût et le toucher

Le chat possède des organes sensoriels très fins. Il se fie à son odorat pour identifier les objets et à son toucher pour se diriger, surtout dans l'obscurité. Le chat bénéficie d'un organe sensoriel supplémentaire, l'organe de Jacobson, situé dans le palais. Il semble que cette structure appartienne à la fois à l'odorat et au goût et qu'elle aide le chat à détecter des odeurs auxquelles son nez est insensible, par exemple l'odeur d'une femelle prête pour l'accouplement.

Son odorat et son goût lui indiqueront si ce crapeau est mangeable.

Les chats ne mangent jamais rien sans l'avoir reniflé au préalable.

L'ODORAT

Le nez du chat comporte 19 millions de terminaisons nerveuses, contre 5 millions seulement chez l'homme. Le chat est particulièrement sensible aux odeurs rances, celle de la viande avariée par exemple. Il recherche normalement la viande fraîche plutôt que les animaux morts.

ALLÉCHÉS PAR L'HERBE À CHATS

De nombreux chats, surtout les mâles, sont attirés par l'odeur de l'herbe à chats. Elle contient une substance qui les détend, et ils aiment s'y rouler. Mais 50 % des chats y sont totalement indifférents.

DES POILS TACTILES

Les vibrisses, munis de terminaisons nerveuses à leur racine, aident le chat, comme le léopard, à se familiariser avec son environnement. Le chat utilise ces vibrisses pour évaluer ses chances de passer dans un trou.

La salive du chat laisse son odeur.

Ce chat fait la toilette de son compagnon pour l'imprégner de son odeur et lui témoigner son affection.

COMMUNICATION ENTRE CHATS

Pour communiquer entre eux, les chats utilisent beaucoup leur odorat. Ils reconnaissent les odeurs familières de leurs compagnons. Leur peau est parcourue de nerfs sensibles au toucher, c'est pourquoi ils aiment se laver mutuellement.

Retroussement caractéristique de la lèvre

RETROUSSEMENT DE LA LÈVRE, OU "FLEHMEN"

Le chat a une curieuse façon de retrousser la lèvre supérieure pour laisser venir les odeurs jusqu'à l'organe de Jacobson situé dans sa bouche. Les organes de Jacobson des lions et des tigres sont plus sensibles que ceux des chats domestiques.

Les pattes et les griffes

Le chat fait tout avec ses pattes,
aussi bien sa toilette que se battre.
Pour l'aider dans l'une de ses
principales spécialités, la course,
les os des pattes se sont
développés de façon à ce qu'il
marche toujours sur les orteils.
Dans la nature, une blessure
à la patte pourrait être fatale
car elle empêcherait le petit
félin de chasser.

DES GRIFFES POUR GRIMPER

La plupart des chats grimpent à la
verticale sans difficulté. La descente
est plus délicate : les griffes sont alors
recourbées dans le mauvais sens.
Les chats descendent maladroitement
d'un arbre, à reculons.

*Les griffes sont faites
de kératine comme
les ongles humains.*

*Les griffes
s'enfoncent pour
que le chat
puisse
s'accrocher.*

*La pelote carpienne
antérieure empêche
le chat de glisser.*

*Un ergot, placé
comme un pouce sur
la patte antérieure,
permet au chat
de s'agripper.*

DES PATTES SPÉCIALISÉES

Les félins ont des coussinets
dépourvus de poils, en cuir
résistant, sous les pattes, qui
leur permettent de se déplacer
en silence, d'atterrir en douceur
et de "freiner" brusquement lorsqu'il
courent. Seul le guépard a des
coussinets rainurés qui améliorent
son contrôle en pleine course.

MARQUER SON TERRITOIRE

Comme les autres félins, ce jaguar nettoie et aiguise ses griffes contre un tronc d'arbre. Les griffes lui servent aussi à marquer son territoire grâce à des glandes situées entre les doigts. Les marques odorantes sont les preuves de son passage.

chat sort ses griffes pour saisir le jouet.

LES ARMES DU CHASSEUR

Un chat en train de jouer révèle certaines de ses techniques de chasse. Les chats utilisent les griffes des pattes antérieures pour frapper, attraper, déterrer ou maintenir la proie. Les chats domestiques reproduisent les mêmes gestes avec leurs jouets. En général les chats de compagnie n'utilisent pas leurs griffes de façon agressive contre leurs maîtres.

Ce chaton de trois semaines commence son apprentissage de chasseur.

GRIFFES RÉTRACTILES

Au repos, elles sont maintenues sous les prolongements des phalanges par un ligament. Le félin ne sort ses griffes que si nécessaire. Le guépard, lui, a les griffes sorties en permanence pour mieux agripper le sol lorsqu'il court.

GRIFFES RÉTRACTÉES

GRIFFES SORTIES

Félin au repos, griffes rétractées et invisibles.

Les ligaments se relâchent pour dévoiler les griffes.

LES DIFFÉRENTS TYPES DE PELAGE

Lisse et fin ou long et touffu, le pelage protège l'animal du froid et de la chaleur, il porte son odeur et réagit au toucher. Le type de pelage correspond souvent au lieu de vie du chat, mais chez les chats domestiques, la grande variété de pelages est due aux sélections pratiquées par les éleveurs.

Bourre

Duvet / *Jarre*

LA FOURRURE DU CHAT
On distingue trois sortes de poils dans la fourrure des chats. Les plus longs, qui constituent le jarre, sont les plus visibles. Ils portent les motifs de la robe. Les poils plus courts, ou bourre, se trouvent en dessous. Le duvet court et doux fait office d'isolant.

Les Persans ont un duvet épais et des poils de jarre qui peuvent atteindre 10 cm de long.

BRITISH SHORTHAIR
Il possède un pelage court et dense. Sa fourrure épaisse ressemble à de la peluche et entoure le corps comme une couverture.

Le pelage a environ 5 cm d'épaisseur.

PERSAN
Il possède la fourrure la plus longue et la plus dense. Les poils, fins et soyeux, lui donnent une apparence duveteuse ; même les pattes sont des touffes de poils. Ce chat mue l'été, ce qui fait paraîtr son pelage plus court.

Le poil est particulièrement frisé sur le dos et la queue.

AMERICAN WIREHAIR

Le pelage caractéristique est dru et élastique. Tous les poils, même ceux des oreilles, sont frisés ou ondulés, de longueur moyenne. Au toucher, il ressemble à la laine de l'agneau.

Le poil crépu fait paraître les motifs de la robe en relief.

CORNISH REX

Le pelage inhabituel des chats appartenant à cette race est frisé et ondulé. Tous les poils de la robe, faite uniquement de poils de bourre et de duvet doux au toucher, sont courts et bouclés. La robe est peu épaisse et les Rex sont sensibles au froid.

LE PELAGE DES CHATS SAUVAGES

Ils possèdent un duvet chaud sous une couche superficielle de poils résistants. Dans les régions froides, la fourrure est plus épaisse. Le Manul, une espèce asiatique, possède le plus long pelage. Jadis, on a cru, à tort, qu'il était l'ancêtre des chats domestiques à poils longs.

Les poils plus longs en dessous protègent le ventre du froid quand le chat est allongé sur le sol.

MANUL

SPHYNX OU "CHAT NU"

Apparemment dénué de poils, le Sphynx en a quelques-uns sur la queue ainsi qu'un léger duvet sur le corps. Ses moustaches et ses sourcils sont également très courts. Cette absence de poil le rend très sensible au soleil.

La robe est comme du daim.

Couleurs et marques

Les robes des chats peuvent être de couleurs et
de marques très variées. Elles sont parfois devenues
de vraies tenues de camouflage pour permettre
aux chats de chasser sans être vus. Les chats
domestiques qui ont rarement besoin de se
camoufler ont souvent des robes beaucoup
plus voyantes. Aujourd'hui, les éleveurs
obtiennent des couleurs
et des combinaisons
de marques surprenantes.

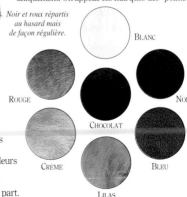

SIAMOIS SEAL
TORTIE
POINT

CORNISH REX
ÉCAILLE-
DE-TORTUE

LES POINTS HIMALAYENS

Les taches sombres sur la queue, les membres
antérieurs et postérieurs, les oreilles et la face
sont caractéristiques des chats Siamois, adultes
uniquement. On appelle ces marques des "points"

ÉCAILLE-
DE-TORTUE

Pour des raisons génétiques,
les marques écaille-de-tortue
n'existent presque que chez
les femelles. C'est une
combinaison de noir et de roux.

*Noir et roux répartis
au hasard mais
de façon régulière.*

BLANC

ROUGE

NOIR

CHOCOLAT

GAMME DE COULEURS

Il existe de nombreuses variétés
de pelages unis, dont certaines
sont la version délavée des couleurs
de base. Ici, nous montrons
les couleurs de base, avec leurs
variantes délavées, blanc mis à part.

CRÈME

BLEU

LILAS

LES MARBRURES DES "TABBIES"

La robe rayée de ce chat est un parfait exemple de tabby. Les tabbies peuvent être rayés, tachetés ou mouchetés. Ces marques sont les vestiges du camouflage naturel des chats sauvages. Ils sont fréquents chez les chats harets, chats domestiques retournés à l'état sauvage.

BRITISH SHORTHAIR
SILVER SPOTTED

Les taches noires ressortent sur la robe argentée.

LES MARQUES DES FÉLINS SAUVAGES

Rayures et taches sont vitales parce qu'elles permettent au félin de se confondre avec son environnement en créant une rupture dans sa silhouette. Elles varient tellement d'un félin à l'autre qu'elles permettent de reconnaître les différentes espèces. On constate même de légères variantes dans une même espèce.

Chaque ocelot a des marques différentes.

Robe dorée à taches noires

OCELOT

Les marques brouillent la silhouette du félin dans la forêt.

JAGUAR

Taches noires ocellées voyantes

Rayures

TIGRE

Son nom vient de la ressemblance de ses taches avec des nuages.

Robe gris-brun marbrée

PANTHÈRE NÉBULEUSE

LE CHAT EN MOUVEMENT

Naturellement calmes, les chats sont capabl
de brusques accès d'énergie. Équilibre, forc
vitesse et rapidité de jugement leur
permettent d'attraper des proies insaisissabl
La seule qualité physique qui leur fasse défa
est l'endurance. Le chat est un sauteur
remarquable, capable de franchir quatre fois
et demi sa propre longueur et de retomber sur
ses pattes à l'endroit qu'il a choisi, avec une
précision étonnante.

LE SAUT

S'il le faut, les chats peuvent
sauter à la verticale. Le caracal
et le lynx sont des champions
de saut, capables d'attraper
un oiseau qui s'envole.
D'un coup de patte, ils
abattent leur proie sur le sol.

*Ce chaton
étire ses
pattes et sort
ses griffes
pour atterrir.*

*Le cou se tend
lorsque le guépard
accélère sa course.*

GUÉPARD

DÉFENSE DU TERRITOIRE

L'une des activités quotidienn
des Félidés est de parcourir
et de marquer leur territoire.
Ils rôdent, à la recherche d'un
congénère ou d'une proie. Les
Félidés aiment grimper, à la fo
pour surveiller leur territoire
et pour se sentir en position
dominante sur leurs rivaux.

*Les griffes
permettent au chat
de grimper et de
rester en équilibre.*

*Il évalue sa distance
jusqu'au sol avant
de sauter.*

LES BONDS

Le bond est un mouvement très caractéristique des félins. Observez cette lionne : les muscles du dos se tendent et se relâchent pendant le saut et la queue est dressée pour assurer l'équilibre ; les puissants membres postérieurs propulsent l'animal et sont les dernières parties du corps à quitter le sol.

La lionne s'étire vers l'avant lorsqu'elle quitte le sol.

La queue est dressée pour favoriser l'équilibre.

Un corps svelte et léger et de longs membres permettent au guépard d'atteindre des vitesses impressionnantes.

La queue mesure plus de la moitié du corps. Elle pivote pour équilibrer le corps dans les virages.

LA COURSE

La plupart des félins sont meilleurs sauteurs que coureurs, mais le guépard est bâti pour la vitesse. Sa colonne vertébrale est si souple que lorsque les pattes antérieures touchent le sol, la croupe se soulève vers l'avant. Au milieu de la foulée, le corps se tend complètement et les quatre pattes quittent le sol. En pleine vitesse, le guépard peut atteindre 96 km/h.

Pendant la course, les pattes antérieures ne touchent jamais le sol en même temps que les pattes postérieures.

Équilibre et chute

Certains félins passent une partie importante de leur vie dans les arbres, se déplaçant avec assurance sur les branches les plus étroites. S'il leur arrive de tomber, ils disposent d'un système unique d'auto-protection. Les yeux, le cerveau et l'oreille interne qui contrôlent l'équilibre, leur assurent de toujours retomber sur leurs pattes.

C'est la tête qui pivote la première pour être dans l'axe du sol.

1 Réaction instantanée
L'oreille interne réagit dès que le chat perd l'équilibre. Le cerveau est aussitôt alerté et met en place les mécanismes de réaction à la chute.

2 Rotation rapide
La partie antérieure du corps reçoit des signaux du cerveau et pivote pour suivre la tête. La souplesse de la colonne vertébrale permet une rotation de 180°.

Les pattes antérieures sont complètement tendues vers l'avant.

Chat de Geoffroy

Une position élevée
Beaucoup de félins chassent et dorment dans les arbres. Le chat de Geoffroy utilise ses griffes acérées, sa vue perçante, ses réflexes sûrs et son remarquable sens de l'équilibre pour traquer les mammifères et les oiseaux jusque dans les feuillages.

Ce chat sauvage vit dans les forêts des montagnes d'Amérique du Sud.

L'ÉQUILIBRE PARFAIT

L'équilibre de ce léopard semble précaire, pourtant il montera aisément sa proie dans l'arbre pour la soustraire aux charognards. Le léopard, l'un des plus gros Félidés à passer beaucoup de son temps dans les arbres, est assez robuste pour emporter dans un arbre une carcasse plus lourde que lui.

LE SAVIEZ-VOUS ?

• Un chat a survécu à une chute de 61 m.

• En sautant d'une hauteur de 18 m, le chat atteint une vitesse de 64 km/h avant de toucher terre.

• Si les membres antérieurs n'amortissent pas le choc, le menton du chat s'écrase sur le sol, entraînant une fracture de la mâchoire.

L'arrière-train est toujours en recherche d'équilibre.

Les yeux repèrent l'endroit de la chute.

4 ATTERRISSAGE SUR SES PATTES

Quelques secondes après sa perte d'équilibre, le chat est dans la position idéale d'atterrissage. La tête et la partie fragile du corps sont hors de danger. Le chat se détend instinctivement avant le choc, ce qui évite un déchirement musculaire ou une entorse.

Les pattes postérieures aideront à amortir le choc.

3 PARÉ POUR LE CHOC

Au moment où les membres antérieurs du chat se tendent pour entrer en contact avec le sol, le dos est toujours en train de pivoter. Les clavicules, situées au sommet des membres antérieurs, serviront d'amortisseurs quand le chat atterrira.

Pattes postérieures prêtes à courir dès que le chat touche le sol.

Ce sont les pattes antérieures qui amortissent la plus grande partie du choc.

LES ÉTAPES DE LA VIE DU CHAT

Un chat en bonne santé peut vivre 20 ans. Les félins d
petite taille peuvent se reproduire avant l'âge d'un an.
Les grands Félidés ne procréent pas avant d'avoir au
moins trois ans. Chez les femelles, un cycle
ovarien inhabituel s'est développé
l'accouplement déclenche
l'ovulation, ce qui augmente
les chances de grossesse.

À la recherche d'un partenaire

LE LION FAIT SA COUR
Avant l'accouplement, ce lion fait
la toilette de sa partenaire et chasse
les autres mâles. Un couple peut
s'accoupler 100 fois en une journée.

*Matou
séduit*

Plusieurs fois par an, la femelle est
prête à s'accoupler (en chaleur) et
émet des cris pour séduire un mâle.
Son urine contient des odeurs
chimiques (phéromones) qui
attirent d'éventuels partenaires.
La femelle peut alors choisir
un ou plusieurs géniteurs pour
ses futurs petits.

1 PREMIÈRE RENCONTRE
La chatte accepte rarement un
mâle d'emblée et peut même réagir
d'une manière agressive, avant de
devenir provocante et de séduire son
partenaire en se roulant sur le sol.

*La chatte
se roule sur le sol,
signalant ainsi qu'elle est en chaleur.*

2 REFUS RITUEL

Le matou effectue les premières approches, mais la chatte le repousse tant qu'elle n'est pas prête. Elle ira jusqu'à lui donner des coups de patte ou le mordre pour l'éloigner. Il recommencera ses avances un peu plus tard.

Le mâle mord le cou de la femelle pour prévenir ses attaques.

L'accouplement ne dure que quelques secondes.

L'ovulation se produit 24 heures après l'accouplement.

La femelle repousse les premières avances du chat.

3 L'ACCOUPLEMENT

Lorsqu'elle est prête, la chatte soulève son arrière-train et met sa queue sur le côté. Le mâle l'empêche de se retourner vers lui en saisissant la peau flasque de son cou dans ses dents.

4 APRÈS L'ACCOUPLEMENT

Une fois séparés, chacun fait sa toilette. Les chats s'accouplent plusieurs fois en quelques jours. La femelle a souvent plusieurs partenaires : une même portée peut contenir les chatons de plusieurs pères.

Le mâle se repose un moment.

La femelle peut se montrer totalement indifférente au mâle après l'accouplement.

La croissance

Les bébés se développent pendant 65 jours. Chez les grands félins, la gestation dure 115 jours. En naissant, les petits sont aveugles et sourds pendant une semaine et se blottissent les uns contre les autres pour avoir chaud. Ils grandissent vite et sont indépendants vers trois mois. Chez les espèces sauvages, les petits restent avec leur mère jusqu'à l'âge de deux ans.

AVANT LA NAISSANCE

Les organes du chaton se développent pendant les premières semaines de la vie intra-utérine. Ce n'est qu'au cours des trois dernières semaines que le fœtus grandit. Cela évite à la mère d'être gênée par un surcroît de poids, et lui permet de continuer à chasser.

Une portée compte quatre petits en moyenne, certaines en comptent plus.

Ces chatons sont dans les dernières semaines de leur vie intra-utérine.

Chaque fœtus grandit dans une membrane qui forme un sac.

LE SAVIEZ-VOUS ?

• Une chatte Burmese a mis bas 19 chatons en une portée.

• Tous les chatons ont les yeux bleus. Les bébés grandissant, les yeux changent souvent de couleur.

• Les chats procréent toute leur vie. Une chatte a eu des petits à 28 ans.

PREMIER ALLAITEMENT

La chatte élève ses petits toute seule. Elle les allaite pendant six à huit semaines. Bien qu'elle n'ait que huit tétines, il lui arrive de nourrir jusqu'à 14 chatons.

Les anticorps du premier lait protègent les bébés de l'infection.

LES PREMIERS ALIMENTS SOLIDES

Si les jeunes félins ne mangent pas de viande avant l'âge de trois mois, les chatons sont sevrés vers un mois et demi. La mère continue à protéger ses petits après le sevrage, et leur enseigne les gestes de la toilette et de la chasse.

Au cours de la croissance, la couleur et les marques du pelage se modifient légèrement.

La fourrure du chaton a la douceur du duvet jusqu'à ce que poussent les poils de jarre.

LES SOINS D'UNE MÈRE

La femelle guépard doit élever seule ses petits. Elle doit les laisser seuls lorsqu'elle chasse et essaie de les protéger. De la naissance jusqu'à l'âge où ils sont capables de la suivre, il lui arrive de les transporter un par un au cours d'une vingtaine de déplacements. Elle doit les mettre à l'abri de prédateurs comme les lions et les léopards.

FEMELLE GUÉPARD ET SES PETITS

Sur dix petits guépards, neuf mourront avant trois mois.

Au cours de sa première année, le jeune guépard a une crinière de poils longs sur la nuque.

LA CHASSE

Pratiquement tous les félins chassent
seuls. Ils leur faut attaquer
par surprise et être rapides.
Ils s'approchent
furtivement en utilisant
tous les moyens pour ne
pas être vus et, lorsqu'ils
sont assez près, ils bondissent
et terrassent leur proie.

CHASSEUR À LA MAISON
Le chat est un bon souricier.
Certains sont experts pour attraper
lézards, oiseaux ou insectes. Mais
la chasse est un comportement
acquis, et tous les chats ne sont
donc pas de grands chasseurs.

LA CHASSE EN GROUPE
Contrairement à la plupart
des félins, les lions chassent
en groupe, ce qui leur permet
de s'attaquer à des animaux
plus gros qu'eux. Ce sont
les lionnes qui font
presque tout le travail.
Pour augmenter leurs
chances, elles
choisissent un animal
qui semble sans défense,
l'entourent et le capturent.

*Le chat aplatit
son corps et sa queue
contre le sol.*

UNE MORSURE MEURTRIÈRE
Ce léopard empêche sa victime de s'échapper ; puis il lui mord le cou, endommageant la moelle épinière. S'il ne peut pas manger sa proie entière, il emporte la carcasse et la cache pour la soustraire aux charognards.

Les taches du pelage camouflent l'animal.

TUEUR FRUSTRÉ
Les chats domestiques jouent avec des jouets comme avec une proie, s'approchent furtivement de l'objet, le mordent et le secouent. Les chats sauvages jouent parfois avec leur proie avant de la tuer.

Les chats adultes jouent moins souvent que les chatons.

CHAT
LÉOPARD D'ASIE

Le chat avance dans cette position, puis s'arrête et se tapit.

UN CHASSEUR SILENCIEUX
À l'exception du guépard, les félins ne sont capables de courir que pendant de courts moments. Quand il chasse, le chat se glisse le plus près possible de sa victime, lent et silencieux, et observe ses moindres mouvements. Lorsqu'il est à bonne distance, il se jette brusquement sur sa proie.

LA TOILETTE

Sauvages ou domestiques, les félins sont très propres.
Grâce à une toilette méticuleuse et régulière, le chat
a un poil brillant et en bonne santé.
En se léchant, il se débarrasse
de la poussière, des poils cassés et
de la peau morte. Il imprègne
aussi tout son corps de sa propre
odeur. La toilette est un signe
de détente, mais peut aussi
être une réaction nerveuse.

TOILETTE MUTUELLE
Le chat a parfois besoin d'une aide pour
nettoyer les parties du corps qu'il ne peut
pas atteindre. Une toilette mutuelle
renforce les liens, comme le montrent
ces chatons qui se transmettent leur odeur.

*Il faut débarrasser
les pattes des épines
et des cailloux*

*Les papilles hérissées
vers l'arrière rendent
la langue râpeuse.*

UN "OUTIL" DE TOILETTE
La langue râpeuse
du chat est couverte
de pointes abrasives,
les papilles. Grâce à elles,
le chat se sert de sa langue
comme d'un peigne.
Les papilles sont assez
dures pour débarrasser un
os de la viande qui l'entoure.

*La langue se replie
comme une louche.*

UN PELAGE PROPRE
Les félins sauvages, comme
cette panthère des neiges, font
leur toilette après le repas et se
débarrassent des traces de sang
de leurs proies. Quand il fait
chaud, la toilette les rafraîchit
par évaporation de la salive
qui humecte leur pelage.

Très souple, le chat prend toutes les positions pour lécher presque entièrement.

...ne odeur provenant de glandes situées dans le menton, ...s pattes et la région génitale se répand ...ur tout le pelage.

LE SAVIEZ-VOUS ?
- Les chats font toujours leur toilette après un sommeil profond.
- Les poils avalés pendant la toilette font parfois une boule dans l'estomac du chat.
  - Il a fallu opérer un chat de 14 ans pour le débarrasser d'une boule de poils qui pesait 57 g.

UN VÉRITABLE RITUEL
Chaque fois qu'un chat fait sa toilette, il procède de la même manière. Il se lèche une patte et la passe, en décrivant des petits cercles, sur la face et les oreilles.

RACES PROCHES, PELAGES DIFFÉRENTS

LA LONGUEUR DU PELAGE

La fourrure des chats présente une gamme très large de longueurs et de textures. Parfois, ces variations se sont développées naturellement, parfois elles sont le résultat de croisements accidentels. Ce chapitre traite de races particulières issues de formes proches croisées délibérément pour obtenir un nouveau type de pelage.

Épaisse collerette de fourrure autour du cou.

Queue touffue

TIFFANY SOYEUX
Ce Burmese à poil mi-long est apparu dans les années 70. L'idée était de créer un Burmese à pelage bouffant. Le Tiffany n'est pas aussi populaire que son cousin à poil lisse et brillant, peut-être parce que l'épaisseur de sa fourrure masque la forme élégante de son corps.

BURMESE
Descendant lointain des chats d'Asie du Sud-Est qui remontent au XVe siècle, le Burmese a un beau pelage court qui convient parfaitement à la chaleur et à l'humidité des tropiques.

PERSAN DU DÉBUT DU SIÈCLE
Depuis le début du XXᵉ siècle, les éleveurs
ont mis en valeur certaines caractéristiques,
notamment la longueur du pelage.
Si l'on compare ce Persan des années
1900 à son descendant (ci-dessous)
on remarque qu'avec le temps le poil est
devenu plus long et plus volumineux.

*Les éleveurs ont voulu
obtenir un chat dont
la fourrure serait longue
et somptueuse.*

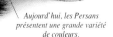

PERSAN MODERNE
Ce Persan tortie et blanc
est un modèle
du genre. Ses poils
sont si épais qu'il
paraît beaucoup
plus grand
qu'il ne l'est
en réalité.

*Aujourd'hui, les Persans
présentent une grande variété
de couleurs.*

BRITISH SHORTHAIR

PERSAN

COMPARAISON DES PELAGES
La longueur du poil ne joue
pas sur la couleur. Pourtant,
les marbrures du tabby
sont plus nettes chez les
chats à poil court parce que
le pelage est plus compact.
Chez les chats à poil long,
c'est le duvet qui détermine
la densité de la fourrure.

AMERICAN CURL

Ces chats étranges constituent une race récente créée
en 1981. Leur particularité est la forme des oreilles,
courbées vers l'arrière, comme si elles étaient
à l'envers. Cette mutation naturelle a été repérée
en Californie, par deux éleveurs. Depuis, la race
se perpétue avec des chats à pelage mi-long et court.
Ces chats ne semblent pas souffrir
de la forme de leurs oreilles.

AMERICAN CURL À POIL MI-LONG
Le premier spécimen d'American Curl
était une petite chatte à poil long
dont le cartilage
des oreilles a commencé
à se recourber quelques
jours après sa
naissance.
Elle transmit
ensuite ce
trait étrange
à deux
de ses
chatons.

*Fourrure
soyeuse
et queue
empanachée*

*L'American Curl
existe dans toutes
les couleurs et avec
des marques variées.*

AMERICAN
CURL RED TABBY
ET BLANC

Les oreilles peuvent être incurvées avec la pointe vers l'intérieur.

L'extrémité des oreilles est douce et arrondie.

OREILLES BOUCLÉES
Les oreilles de l'American Curl se courbent vers l'arrière à 90°. Le degré de courbure varie avec les individus.

La base de l'oreille est ferme.

Face ronde avec un nez droit.

AMERICAN CURL
TABBY TORTIE ET BLANC

AMERICAN CURL À POIL COURT
Ce type de fourrure a été obtenu en croisant des chats à poil court avec des American Curl à poils longs. Il faut quatre à sept jours pour que les oreilles du chaton nouveau-né commencent à se recourber. La courbure s'accentue pendant plusieurs mois. Les éleveurs privilégient les oreilles très recourbées.

Le croisement d'American Curl avec des Siamois a introduit des points de couleur.

AMERICAN CURL SEAL TABBY POINT

SCOTTISH FOLD

Les oreilles pliées et tombantes sont rares chez les chats. Pourtant, en 1951, dans une ferme écossaise près de Coupar Angus, l'un des chatons d'une portée avait des oreilles pointues qui ont commencé à se replier vers l'avant. Un berger de la région décida de créer une race qui aurait des oreilles semblables, créant ainsi le Scottish Fold.

Les oreilles, petites et légèrement repliées, forment deux petites casquettes de chaque côté de la tête.

SCOTTISH FOLD À POIL LONG
Les Scottish Fold sont au départ des chats à pelage court, mais ils doivent porter un gène "poil long" puisque l'on trouve de tels spécimens dans certaines portées. Les Fold à poil long ont une fourrure mi-longue épaisse.

Les pattes, robustes, ont parfois un gonflement affectant la marche.

SCOTTISH FOLD
BLEU-CRÈME
ET BLANC

CARACTÉRISTIQUES
Le corps trapu a été obtenu par croisement avec des British Shorthair. Les Scottish Fold sont de taille moyenne, très musclés, avec une grosse tête ronde aux oreilles pliées.

Joues pleines et rondes, yeux ronds

Les zones bleues et les zones blanches sont nettement délimitées.

Corps compact, épais et puissant

SCOTTISH FOLD
BLEU ET BLANC

La queue doit mesurer au moins les deux tiers de la longueur totale du corps.

CHATONS
TABBY CRÈME
CLASSIQUES

Les oreilles des chatons commencent déjà à se plier.

CHATONS SCOTTISH FOLD
À la naissance, tous les chatons Scottish Fold ont des oreilles pointues. Après deux ou trois semaines, le bout des oreilles commence à se replier. Les oreilles pliées sont dues à un gène dominant : si un parent est un Fold, certains chatons auront ce trait distinctif.

Les Scottish Fold présentent une grande variété de couleurs et de taches.

LE SAVIEZ-VOUS ?

• Les Scottish Fold sont des animaux de compagnie calmes et affectueux. Ils tolèrent bien les autres animaux domestiques, y compris les chiens.

• Les oreilles pliées ne sont pas plus sujettes aux infections que les oreilles normales.

• On accouple toujours un Scottish Fold avec un chat d'une autre race, pour éviter des malformations comme celle des pattes.

ABYSSIN ET SOMALI

Les Abyssins furent introduits en Angleterre en 1868 par des soldats revenant d'Abyssinie (Éthiopie). L'Abyssin ressemble tant au chat des peintures murales égyptiennes qu'on le dit son descendant. La race Somali a pour origine des chatons à poils longs appartenant à des portées d'Abyssins.

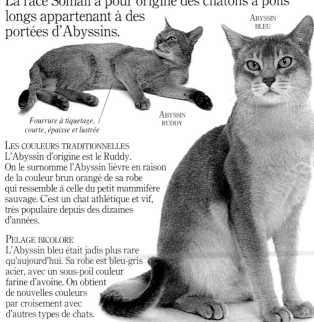

ABYSSIN BLEU

Fourrure à tiquetage, courte, épaisse et lustrée

ABYSSIN RUDDY

LES COULEURS TRADITIONNELLES
L'Abyssin d'origine est le Ruddy.
On le surnomme l'Abyssin lièvre en raison de la couleur brun orangé de sa robe qui ressemble à celle du petit mammifère sauvage. C'est un chat athlétique et vif, très populaire depuis des dizaines d'années.

PELAGE BICOLORE
L'Abyssin bleu était jadis plus rare qu'aujourd'hui. Sa robe est bleu-gris acier, avec un sous-poil couleur farine d'avoine. On obtient de nouvelles couleurs par croisement avec d'autres types de chats.

SOMALI
CHOCOLAT SILVER

*Fourrure plus longue
sur les épaules*

*La fourrure
sombre s'étend
derrière
les pattes.*

LA FOURRURE À TIQUETAGE

Les Abyssins et les Somalis ont
un pelage tabby à tiquetage : chaque
poil est marqué de bandes claires
et de bandes sombres
alternées. L'extrémité
du poil est toujours
sombre. Selon
la largeur et le
nombre des
bandes, le pelage
aura une teinte
plus sombre
ou plus claire.   FOURRURE À TIQUETAGE

SOMALI À POIL LONG

Le nom de ces chats vient
de Somalie, pays voisin de l'Éthiopie.
Il indique leur ressemblance avec
les Abyssins. Leur différence réside
dans la longueur du pelage, mais
la forme du corps est identique.

CARACTÉRISTIQUES DU SOMALI

Abyssins et Somalis peuvent naître d'une
même portée si les parents abyssins sont
porteurs du gène "poil long". Mais deux
parents somalis ne donneront que des
chatons somalis. Il faut parfois attendre
18 mois pour que le tiquetage d'un
chaton soit définitif.

*La fourrure épaisse
et douce n'est jamais
emmêlée.*

*La bourre
est blanche
avec un
tiquetage bleu.*

*Queue
touffue*

SOMALI SILVER BLEU

MANX ET CYMRIC

La légende dit qu'il y a 400 ans un galion espagnol sombra près de l'île de Man, y introduisant des chats sans queue. Ces chats seraient les ancêtres du Manx. En fait les chats sans queue résultent d'une mutation entretenue par la reproduction entre eux des chats de l'île.

CHAT NATIF DE L'ÎLE
Le Manx est le symbole de l'île de Man (Grande-Bretagne) dont il orne les pièces de monnaie.

ABSENCE TOTALE DE QUEUE
Chez le vrai Manx, il n'y a pas du tout de queue, juste un creux à l'extrémité de la colonne vertébrale. Ce type de Manx est appelé Rumpy.

MANX TORTIE ET BLANC

Les vertèbres réduites forment un creux dans le dos.

CYMRIC AUX YEUX ORANGES

Les pattes avant sont nettement plus courtes que les pattes postérieures, ce qui donne au chat une démarche sautillante.

MANX À POIL LONG
Le Cymric (prononcer "kum ric", mot gallois qui signifie "Pays de Galles") est une forme rare de Manx à poil long. Comme le Manx, le Cymric est trapu et musclé. Il vit très vieux.

LE BOBTAIL JAPONAIS
Les chats à queue courte sont connus en Asie depuis 1 000 ans. Le Bobtail, très rare ailleurs, a une longue histoire au Japon. Les Japonais croient que cette race bruyante et affectueuse porte bonheur, et de nombreuses maisons japonaises sont décorées de peintures le représentant. Le nom japonais de ce chat signifie "le chat qui fait signe" parce qu'il est connu pour lever la patte pour accueillir les visiteurs.

Queue en pompon, recourbée près du corps.

BOBTAIL
JAPONAIS
ÉCAILLE-
DE-TORTUE
ET BLANC

Posture faisant penser à celle du lapin.

MANX ÉCAILLE-DE-TORTUE

Embryon de queue trapue

Flancs massifs et musclés

STUMPIES
Certains Manx, les Stumpies, ont un embryon de queue. Les Longies en ont une presque normale. D'autres, les Rumpies, n'ont pas de queue du tout. Il faut croiser ces derniers avec des Stumpies pour que les petits n'aient pas de malformation de la colonne vertébrale ou ne meurent.

PERSANS ET EXOTIC SHORTHAIR

Les Perses connaissaient les chats à poil long
des siècles avant les Européens. De là vient le nom de
cette race à fourrure volumineuse
et à face aplatie. Les Exotic
Shorthair ont une histoire plus
récente. Version à poil court de
Persans, ils firent leur
apparition dans
les années 60.

CHATS VICTORIENS POPULAIRES

Des Persans participèrent à la première
exposition de chats qui eut lieu en 1871
en Grande-Bretagne. La reine Victoria
avait des Persans bleus, ce qui contribua
à la notoriété de la race en Grande-
Bretagne et aux États-Unis au XIXe siècle.

*La fourrure épaisse
ne masque pas
la forme du corps.*

*Queue courte
et touffue*

CARACTÉRISTIQUES DES PERSANS

Les éleveurs ont privilégié certaines qualités
des Persans. Le corps est massif et trapu, la tête
est ronde et la face extrêmement aplatie. De tous
les chats, c'est le Persan
qui a la fourrure
la plus longue
et la plus épaisse.

*Chez les Persans
bicolores, les marques
blanches couvrent
un tiers ou la moitié
de la robe.*

PERSAN BICOLORE
CRÈME ET BLANC

Poil court
et pelucheux, facile
à entretenir

EXOTIC SHORTHAIR
À l'exception de sa fourrure courte et dense,
l'Exotic Shorthair ressemble en tous points au
Persan. C'est un chat vif et affectueux qui
existe dans de nombreuses variétés
de teintes.

Queue épaisse
à l'extrémité
arrondie

Pattes solides
très courtes

Petites oreilles
arrondies garnies
de touffes de poils

EXOTIC
SHORTHAIR
GOLDEN SHADED

PERSAN
LILAS

PERSAN
CHOCOLAT

GAMME DE COULEURS
On compte plus de 30 couleurs
différentes chez les Persans.
Leur fourrure peut être unicolore,
bicolore, mélangée ou marquée.
Le Persan avec des marques
d'Himalayen est appelé Colourpoint.

Poitrail
large
et musclé

LES COULEURS RÉCENTES
Par sélection, les éleveurs obtiennent
des Persans aux couleurs et aux fourrures
toujours plus étonnantes. La fourrure de ce
Persan lilas est d'un gris rosé chaud qui est
une forme plus claire de la teinte chocolat.

Pattes
touffues

SIAMOIS ET BALINAIS

Le Siamois svelte et majestueux est le plus connu des chats de race. On trouve déjà des traces de ce chat au XIVᵉ siècle au Siam (ancien nom de la Thaïlande). Son cousin à poil long, le Balinais, doit son nom aux gracieuses danseuses balinaises.

Tête triangulaire à grandes oreilles, les yeux en amande.

UNE HISTOIRE ANCIENNE

Pendant des siècles, les artistes thaïlandais ont peint des chats Siamois. La légende veut que les premiers Siamois louchaient à force de regarder un vase dont ils avaient la garde.

SIAMOIS SEAL TORTIE POINT

Corps long et svelte avec une ossature fine.

Les motifs écaille de tortue se mélangent aux points.

LES POINTS

Le pelage des Siamois est pâle avec des points foncés sur la face, les oreilles, les membres, les pattes et la queue. Les chatons naissent clairs, les points apparaissent en quelques mois.

BALINAIS

Cette race récente est le résultat de croisements entre des Siamois et des chats de type Angora. Comme chez les Siamois, le corps du Balinais est élégant, mais le poil est plus long et la queue forme un panache. Il est moins bruyant que son cousin Siamois.

Les points apparaissent sur les parties du corps qui ont la plus basse température.

Face allongée et triangulaire

BALINAIS TABBY
BLUE POINT

Le poil soyeux mesure jusqu'à 5 cm.

PROCHE PARENT

Le Burmese est un chat affectueux. Il provient d'un croisement entre un Siamois et un chat brun originaire de Birmanie, qui vivait dans les temples bouddhiques birmans depuis le XVe siècle. Le Burmese existe maintenant dans plusieurs couleurs.

Un peu plus trapu que le Siamois

BURMESE CHOCOLAT

LES CHATS
À POIL LONG

CARACTÉRISTIQUES

Rares sont les félins sauvages à poil long : ils risqueraient de s'accrocher aux broussailles. Mais quelques races de chats domestiques à fourrures épaisses ont fait leur apparition. Intéressés, les éleveurs ont créé des variétés en croisant des chats à poil court avec des chats à poil long.

ÉVOLUTION NATURELLE

Le Chat des Bois norvégien est l'exemple type d'une race au pelage adapté à un habitat d'un froid glacial. Ce chat possède deux fourrures superposées, un duvet chaud recouvert d'une fourrure imperméable.

LAURÉATS DES CONCOURS

Les premiers chats à poil long apparaissent en Occident au XVIIe siècle. Au début du XXe siècle, les chats de ce type gagnaient de nombreux concours.

Appuyer sur la fourrure épaisse laisse une empreinte.

CHAT DES BOIS
NORVÉGIEN TABBY
BLUE
TORTIE ET
BLANC

JOLI OU PRATIQUE ?

Un pelage long n'est pas seulement un élément attractif créé artificiellement. Une fourrure longue et dense est hydrofuge et protège le chat par temps humide et froid. Le Persan que vous voyez ici est le résultat de sélections, dans le but d'obtenir une fourrure la plus longue possible.

POIL MI-LONG

La fourrure du Birman est le type même de la fourrure mi-longue. Chez ce chat, la fourrure superficielle est longue et soyeuse tandis que le sous-poil est très fin. L'Angora est un autre exemple de chat à poil mi-long.

Le sous-poil clairsemé empêche la fourrure du Birman de s'emmêler.

BIRMAN LILAC POINT

ENTRETIEN DU CHAT À POIL LONG

Tous les chats aiment avoir une fourrure propre, mais un poil long demande un brossage quotidien si vous ne voulez pas que votre chat ait une fourrure emmêlée et sale et qu'il perde ses poils partout dans la maison. Il peut même avoir besoin d'être lavé.

Utiliser une brosse fine

Certains chats aiment qu'on les brosse.

ANGORA TURC

L'une des plus anciennes races à poil long, l'Angora Turc, vient de Turquie. Au XVIe siècle, les sultans offraient ces chats aux nobles européens. Récemment, cette race a été sauvée de l'extinction grâce aux efforts du zoo d'Ankara.

ANGORA TURC NOIR
TORTIE SMOKE

Fourrure légère, douce et soyeuse

PÈRE DES TURCS
Ce portrait est celui du président Kemal Ataturk en 1921. On dit qu'après sa mort il fut réincarné dans un chat blanc sourd, allusion probable à un Angora.

UNE ALLURE NOBLE
Les Angoras Turcs ont le corps souple et gracieux et la queue en panache. Comparée au reste du corps, la tête est petite et anguleuse. Ces chats sont d'un tempérament affectueux et joueur.

Queue large à la base

TYPE TRADITIONNEL
Les premiers Angoras turcs étaient blancs. En Turquie, on élève ces chats d'une blancheur immaculée, appelés *Ankara kedi*, depuis plus de 500 ans. Traditionnellement, les chats de cette race ancienne ont des yeux vairons, un orange et l'autre bleu. La surdité du côté de l'œil bleu vient probablement d'une faiblesse génétique commune chez les chats blancs aux yeux bleus.

ANGORA TURC BLANC
AUX YEUX VAIRONS

Yeux en amande

Fourrure blanche immaculée

Tête courte et arrondie aux oreilles espacées

Tête allongée et anguleuse

Corps svelte et tubulaire

DES ANGORAS CRÉÉS
Dans les années 60, des éleveurs créèrent un type nouveau d'Angora qui diffère du type Turc par sa ressemblance avec ses ancêtres orientaux. Plus bruyants, ils ont des portées plus nombreuses.

ANGORA CANNELLE

Les Angoras paraissent plus minces en été, lorsqu'ils perdent leur pelage d'hiver.

ANGORA BLANC

TURC VAN

Inconnu en Occident jusqu'en 1955, ce "chat nageur" est domestiqué en Turquie depuis des siècles. Au contraire des autres chats à poil long, il n'a pas de sous-poil, ce qui lui permet de sécher rapidement après s'être baigné.

LAC DE VAN
Le Turc Van est originaire de la région du lac de Van, en Turquie où l'été est torride et l'hiver glacial. Ce chat s'y est adapté et perd la plus grande partie de son poil d'hiver lorsqu'il fait chaud.

Les yeux sont ambre, bleus ou vairons, les paupières cerclées de rose.

LES MARQUES DU TURC VAN
Sa couleur caractéristique est blanc de chaux avec des taches de couleur sur la tête et la queue. On dit en Turquie que la flamme blanche au centre de la tête symbolise l'empreinte du pouce d'Allah, dieu de l'Islam.

Les Turc Van sont affectueux et vifs.

TURC
VAN AUBURN

Tête triangulaire courte avec de grandes oreilles.

TURC
VAN CRÈME

UN CHAT NAGEUR

Contrairement aux autres chats qui détestent être mouillés, le Turc Van nage volontiers. Ses pattes le propulsent en avant et sa queue lui sert de gouvernail. On ignore d'où vient un tel comportement ; il est possible que le Turc Van se soit jadis régalé des poissons du lac de Van.

Queue touffue soyeuse

UN CHAT TRÈS RECHERCHÉ

Châtain-roux et crème sont les deux variétés de Turc Van les plus répandues. Ces chats sont robustes et bons grimpeurs. Ils possèdent une voix inhabituelle et mélodieuse. Introduits en Occident par deux photographes, ces chats sont devenus très populaires dans de nombreux pays.

La queue peut être entourée d'anneaux plus sombres, surtout chez les chatons.

BIRMAN

Avec un passé légendaire, puis un long voyage
vers l'Europe au début du XXe siècle, le Birman a une
histoire pittoresque.
Cette race ancienne
est connue comme
le chat sacré
de Birmanie à cause
des mythes qui
entourent l'origine
des marques blanches
de ses pattes.

BIRMAN
BLUE POINT

*Les points
des chatons
foncent
avec l'âge.*

DES TACHES CARACTÉRISTIQUES
Des "gants" blancs symétriques
ornent les pattes antérieures
des Birmans, ainsi que l'extrémité
de pattes postérieures.

"Gants" blancs

L'ARRIVÉE EN EUROPE
En 1919, deux voyageurs
introduisirent les premiers
Birmans en Europe. Des prêtres
bouddhistes leur avaient offert un couple
de chats pour les remercier de les avoir aidé
à défendre un temple. Mais seule la femelle
survécut au fatiguant voyage vers
l'Occident. Elle mit bas une portée
peu de temps après
son arrivée en France.

CHATONS BLUE POINT

Blue point est l'une des couleurs les plus répandues chez le Birman.

La fourrure mi-longue est plus longue sur le dos.

LE CHAT SACRÉ DE BIRMANIE

On dit que le Birman reçut ses marques au cours d'une bataille dans un temple. D'après la légende, l'un des chats blancs du temple toucha un prêtre mourant. Sa patte resta blanche comme neige, mais sa tête, sa queue et ses membres devinrent bruns ; quant à son dos, il prit une teinte dorée.

Corps allongé mais trapu

BIRMAN D'ORIGINE

À l'origine, le Seal Point est le Birman type, avec une fourrure dorée sur le dos. D'après la légende, les yeux du chat du temple passèrent du jaune au bleu saphir au cours de sa transformation miraculeuse.

BIRMAN
SEAL POINT

MAINE COON

Premier chat à poil long
originaire d'Amérique du Nord,
ses ancêtres à poil court
arrivèrent d'Europe vers 1700,
embarqués sur les navires
pour tuer les rats. L'habitude
du Maine Coon de dormir
dans un mouchoir de poche
est peut être un héritage de la
vie de marin de ses ancêtres.

UN "MANTEAU DE FOURRURE"
Un pelage dense et chaud
s'est développé pour protéger
efficacement le Maine Coon
pendant les hivers rigoureux
du Maine.

*Corps massif
et robuste*

*Le Maine Coon
pousse des petits cris
surprenants, comme
des pépiements.*

MAINE COON
SILVER TABBY

*Ces chats attrapent
parfois la nourriture
avec leur
patte avant.*

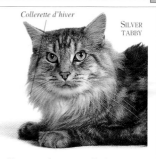

Collerette d'hiver

SILVER
TABBY

LE RATON LAVEUR
Racoon, ou *coon,*
pour les Américains,
ses marques, son poil
long et sa queue rayée
sont à l'origine de la légende
qui décrit le raton laveur comme
l'ancêtre du Maine Coon.

PELAGES D'HIVER ET D'ÉTÉ
Le pelage légèrement broussailleux
du Maine Coon est nettement plus
long en hiver, avec sa collerette
autour du cou (ci-dessus). L'épaisse
fourrure protège le chat du vent
et des intempéries. En été, il perd
une bonne partie de son poil.

*Pour la toilette
de sa queue, le Maine
Coon l'enroule autour
de sa patte avant
et fait pivoter son corps
pour la lécher.*

Pelage d'été

BROWN
TABBY

UNE RACE DE GROS CHATS
Le Maine Coon est l'un des plus gros
chats domestiques. Il est très musclé
et possède des membres puissants
et un poitrail large. Il est donc
très adapté à la vie au grand air.
Le mâle est plus gros que la femelle
et peut peser jusqu'à 8 kg.

CHAT DES BOIS NORVÉGIEN ET CHAT DE SIBÉRIE

Ils ressemblent à des chats sauvages et viennent d'Europe du Nord où les hivers très rigoureux ont amené leurs deux fourrures superposées à se développer naturellement. Une théorie suggère que le Norvégien pourrait avoir une lointaine parenté avec les Persans et les Angoras, introduits dans la région vers 1500.

CHAT DES BOIS
NORVÉGIEN BLUE
TORTIE SMOKE

UN MANTEAU RÉSISTANT
Ses deux fourrures aident ce chat à rester sec, l'eau glissant sur le poil de couverture. Quand il est trempé, le Chat des Bois sèche en 15 minutes. Lorsqu'il vit dans les maisons ou dans des régions chaudes, sa fourrure est plus douce et plus courte.

CHASSEUR HABILE
Chasseurs audacieux, ils explorent à fond une région, il leur faut donc beaucoup de place. Les Chats des Bois sont des grimpeurs agiles qui escaladent les rochers et les arbres.

CHAT DES BOIS
NORVÉGIEN BLACK
SMOKE ET BLANC

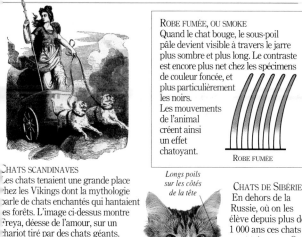

ROBE FUMÉE, OU SMOKE
Quand le chat bouge, le sous-poil pâle devient visible à travers le jarre plus sombre et plus long. Le contraste est encore plus net chez les spécimens de couleur foncée, et plus particulièrement les noirs.
Les mouvements de l'animal créent ainsi un effet chatoyant.

ROBE FUMÉE

CHATS SCANDINAVES
Les chats tenaient une grande place chez les Vikings dont la mythologie parle de chats enchantés qui hantaient les forêts. L'image ci-dessus montre Freya, déesse de l'amour, sur un chariot tiré par des chats géants.

Longs poils sur les côtés de la tête

CHATS DE SIBÉRIE
En dehors de la Russie, où on les élève depuis plus de 1 000 ans ces chats sont très rares. On dit parfois que ces petits félins sont les seuls véritables chats à poil long et que tous les autres sont leurs descendants.

Queue épaisse et fourrure abondante sur l'arrière-train

CHAT DE SIBÉRIE

Les marques tabby proviennent peut-être d'accouplements avec des chats sauvages.

RAGDOLL

L'habitude de ce chat de se relaxer complètement lorsqu'on le touche, alimente la rumeur selon laquelle les Ragdoll sont insensibles à la douleur. Cette croyance date du jour où la femelle fondatrice de la race a mis bas après avoir été renversée par une voiture. Il est cependant certain que les Ragdoll ressentent la douleur comme n'importe quel autre chat.

RAGDOLL BLUE
POINT "GANTÉ"

*"Gants" de fourrure
blanche sur les pattes*

CHATON
RAGDOLL

ORIGINES DE LA RACE
Les Ragdoll apparaissent vers 1960 chez un éleveur américain cherchant à créer l'animal de compagnie idéal. On a cherché à cultiver le tempérament affectueux de ces chats. La race Ragdoll est la première dans l'histoire du chat dont le nom commercial ait été déposé.

*Il faut trois ans à un jeune
Ragdoll pour acquérir sa taille
adulte et sa couleur définitive.*

CHATON RAGDOLL
À la naissance, le Ragdoll est d'un blanc presque immaculé. Les marques commencent à apparaître au bout d'une semaine environ. La teinte de la robe varie au cours de la vie et selon les périodes de l'année. La fourrure est plus pâle en été.

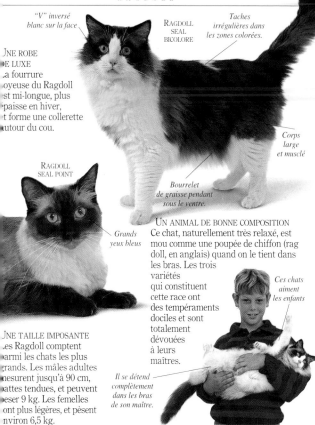

"V" inversé blanc sur la face

RAGDOLL
SEAL
BICOLORE

Taches irrégulières dans les zones colorées.

UNE ROBE
DE LUXE
La fourrure
soyeuse du Ragdoll
est mi-longue, plus
épaisse en hiver,
et forme une collerette
autour du cou.

Corps large et musclé

RAGDOLL
SEAL POINT

Grands yeux bleus

Bourrelet de graisse pendant sous le ventre.

UNE TAILLE IMPOSANTE
Les Ragdoll comptent
parmi les chats les plus
grands. Les mâles adultes
mesurent jusqu'à 90 cm,
pattes tendues, et peuvent
peser 9 kg. Les femelles
sont plus légères, et pèsent
environ 6,5 kg.

UN ANIMAL DE BONNE COMPOSITION
Ce chat, naturellement très relaxé, est
mou comme une poupée de chiffon (rag
doll, en anglais) quand on le tient dans
les bras. Les trois
variétés
qui constituent
cette race ont
des tempéraments
dociles et sont
totalement
dévouées
à leurs
maîtres.

Ces chats aiment les enfants

Il se détend complètement dans les bras de son maître.

SANS PEDIGREE

Les chats à poil long ne sont pas toujours des animaux d'exposition splendides et de race pure. En réalité, l'humble chat sans pedigree est beaucoup plus répandu. Il en existe d'infinies variétés à poil long, de toutes tailles, couleurs ou marques. Chaque individu est unique puisqu'aucun n'a été sélectionné pour correspondre aux standards des éleveurs

MARQUES TABBY
Les marques tabby sont les plus fréquentes chez les chats sans pedigree, ou chats de gouttière, parce qu'elles sont les marques naturelles de la fourrure du chat. Elles sont irrégulières et uniques pour chaque individu.

Les chats sans pedigree à poil long ont en général une fourrure plus courte que les chats de race.

RED TABBY
OU "GINGEMBRE"

UNE FOURRURE IMPRESSIONNANTE

Certains chats de gouttière sont aussi beaux que des chats de race. Celui-ci a des reflets argentés dûs à l'extrémité noire des poils. De tels chats peuvent créer de nouveaux élevages à pedigree.

EXTRÉMITÉS COLORÉES DES POILS

Ici, seule l'extrémité du long poil de jarre est colorée alors que le reste du pelage est blanc. Le poil de bourre, plus court, peut aussi être coloré à l'extrémité. Cela donne à la fourrure des reflets colorés et chatoyants quand le chat bouge. Cette particularité ("tipping" en anglais) est rare chez les chats de gouttière.

FOURRURE "TIPPED"

SILVER ET BLANC

DES COMPAGNONS APPRÉCIÉS

Les "bâtards" sont beaucoup plus populaires que leurs cousins de race pure. Ils sont affectueux et souvent plus robustes ; ils n'ont pas les problèmes de santé auxquels sont sujets certains chats avec pedigree.

INSÉPARABLE DE LA SORCIÈRE

Au Moyen Âge, on pensait qu'il y avait une relation entre les chats et les sorcières. Cela eut pour conséquence la persécution de milliers de ces malheureux félins dans toute l'Europe pendant cette période.

On trouve des chats de gouttière auprès de certaines sociétés de protection des animaux.

Les chattes écaille-de-tortue font d'excellentes mères.

TORTIE ET BLANC

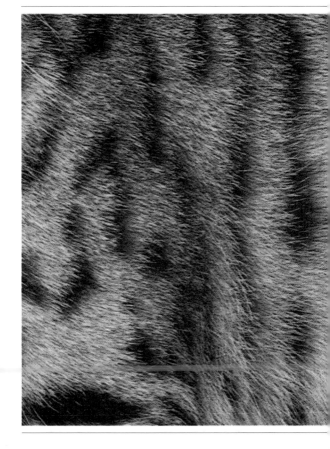

LES CHATS
À POIL COURT

CARACTÉRISTIQUES

Comme leurs cousins sauvages, la plupart des chats domestiques ont un pelage court. Ils sont populaires car leur pelage demande peu de soins. Le poil court est génétiquement dominant et un chat à poil long s'accouplant avec un pur chat à poil court aura des petits à poil court.

ANIMAUX DE COMPAGNIE DU PASSÉ
Les chats sans pedigree ou chats de gouttière, à poil court, sont populaires depuis des siècles. Aujourd'hui encore, malgré le nombre croissant de chats de race, les gens préfèrent les chats sans pedigree.

Yeux bleu-vert

TONKINOIS
RED POINT

LE SPOTTED MIST
Les éleveurs créent constamment des nouvelles races, volontairement ou non. Le Spotted Mist est la première race créée en Australie. Elle provient de croisements principalement effectués entre des Burmese et des Abyssins. Le Spotted Mist a un pelage brillant, fin et délicatement tacheté.

Le pelage ras tient moins chaud.

DIFFÉRENTES VARIÉTÉS DE POIL COURT

Le poil de certains chats, comme le Siamois, est lisse et fin ; chez le British Shorthair, il est épais et pelucheux. Le Rex a le poil court et frisé. Celui du Manx est semi-long, constitué de deux fourrures superposées.

Le croisement d'un Burmese avec un Persan Chinchilla a donné un pelage dense et doux.

BURMILLA
BROWN
TIPPED

L'ANCÊTRE DE TOUTES LES RACES

Le chat sauvage d'Afrique serait l'espèce dont sont issues toutes les races que l'on connaît aujourd'hui. Ils se seraient approchés des campements des colons égyptiens pour se nourrir de souris et de rats dans les greniers à grains. Certains finirent probablement par être apprivoisés.

Le poil est doux, naturellement lustré.

La morphologie est à mi-chemin entre le Siamois et le Burmese.

LES CHATS "ÉTRANGERS" (FOREIGN) À POIL COURT

Ils sont classés en trois catégories : British, American et Foreign Shorthair. Le Tonkinois, un Foreign, possède une fourrure très douce, à la même texture que celle du vison. C'est même le surnom qu'on lui donne aux États-Unis.

BRITISH SHORTHAIR

Ce chat robuste à pedigree est très populaire.
Intelligent, affectueux et tranquille, il fait un excellent
compagnon. La race s'est
développée à la fin du XIXe
siècle, à partir des plus
beaux spécimens de chats
de gouttière des rues de
l'Angleterre du siècle dernier.

BRITISH SHORTHAIR
CRÈME ET BLANC

*Membres
courts et
puissants*

*La marque
"M" sur le f
est fréquen
chez les tabl*

*Cette
combinaison
bicolore est
devenue rare
aujourd'hui.*

UN CHAT TRAPU
Le British Shorthair possède
un corps trapu et massif et une
tête large et arrondie.
Il est plus gros que
la plupart des chats
de gouttière et le mâle
est particulièrement
robuste et musclé mais
il est casanier, affectueux
et avec une fourrure
douce et pelucheuse.

*La fourrure
doit être dense
et laineuse.*

BRITISH SHORTHAIR
SILVER SPOTTED

CHATON
CHOCOLAT

CHATON LILAS

LES POINTS DU BRITISH SHORTHAIR
Le croisement de Colourpoint à poil
long avec des British Shorthair a
donné naissance, vers 1980, à une
race de chats trapus avec des points.
Affectueux et calme, le British
Shorthair Colourpoint, plus paisible
que le Siamois, devrait être un chat
de plus en plus apprécié.

BRITISH SHORTHAIR
BLUE POINT

Yeux   *Le pelage est court, avec*
bleus   *une différence bien nette entre*
    les points et la couleur de la robe.

DES COULEURS AU CHOIX

Le British Shorthair montre une grande
variété de couleurs et de marques. Les
chats d'une seule couleur, le British bleu
par exemple, sont les plus populaires.
Des couleurs nouvelles, lilas et chocolat
notamment, ont été créées récemment
par croisement avec des Persans.

LES ORIGINES DU TABBY

Les chats apprivoisés au pelage tacheté
remontent à l'antiquité égyptienne.
Le mot "tabby" vient de
"al Attabiya", nom d'un vieux
quartier de Bagdad, en Iraq,
où l'on fabriquait une soie
décorée de motifs
noirs et blancs
appelée "tabbi".

Les rayures tabby
sont interrompues
par des taches.

Queue épaisse,
noire
à l'extrémité.

Barres
sur les pattes

SNOWSHOE

Des marques blanches sur une robe de type Siamois sont caractéristiques du Snowshoe (en anglais "raquette à neige"), race américaine récente, peu connue avant 1980. Au caractère enjoué et entreprenant, il devient populaire dans de nombreux pays.

CHATON
SNOWSHOE

Yeux bleu vif

MARQUES CARACTÉRISTIQUES
Les chatons Snowshoe sont tout blanc à la naissance. Au bout de deux ans, des points plus sombres apparaissent sur la tête, les pattes et la queue, ainsi que les taches blanches particulières à cette race. Le chaton ci-dessus possède déjà les pattes blanches caractéristiques.

Les points foncés contrastent avec les marques blanches.

ORIGINES DU SNOWSHOE
Trois chatons Siamois, nés avec des pattes blanches, sont à l'origine de cette race. Certains éleveurs ont craint que ces marques blanches, une fois bien établies, ne se fixent dans les lignées de Siamois. On développa la race malgré ces considérations, en utilisant des American Shorthair pour que le Snowshoe ait une constitution robuste.

SNOWSHOE
SEAL ET WHITE
POINT

Les pattes avant sont blanches jusqu'au poignet.

EXPOSITION

Les Snowshoe commencent à figurer dans les expositions où l'on détermine les standards d'une race. Les chats sont jugés sur leurs marques, la beauté de leur fourrure, leur morphologie et leur santé.

*JEUNE
SNOWSHOE*

DES TAILLES VARIABLES

Les mâles sont en général beaucoup plus grands que les femelles et pèsent jusqu'à 5,4 kg. En grandissant, les mâles développent des bajoues importantes.

*Corps
puissant
et musclé*

*L'héritage
"Siamois"
est visible
chez ce jeune
Snowshoe.*

*La couleur
est plus foncée chez
les chats adultes
et dans les régions
à climat froid.*

Longue queue

*Sur les pattes arrière,
les marques blanches
montent jusqu'au-
dessus du genou.*

AMERICAN SHORTHAIR

Descendant des premiers chats introduits en Amérique du Nord par les colons européens vers 1500, l'American Shorthair est un chat robuste et résistant. Indépendant, il jouit d'une forte constitution héritée des chats qui vivaient dans les villages des pionniers américains. Au début, personne ne faisait l'élevage de ces habiles ratiers ; ils se développèrent donc de manière naturelle. Ce n'est qu'au début du XXe siècle qu'on a commencé à établir les standards qui en ont fait une race.

AMERICAN
SHORTHAIR SHADED
SILVER

*Nuances
sombres sur
le dos*

UN AMÉRICAIN TYPIQUE
Si on le compare à son homologue
British, l'American Shorthair est plus
grand et plus puissant. La tête est
moins arrondie, le nez et les membres
sont plus longs. La fourrure, très courte,
est bien adaptée à la vie au grand air.
Cette race est généralement
d'excellente constitution.

*Poil épais
de texture
grossière*

*Queue plus
longue que celle
de son cousin British.*

DES CHATS COLONIAUX

Les chats embarqués sur les bateaux pour tuer les rats débarquaient dans les ports du monde entier. Parfois les colons les emmenaient avec eux pour protéger leurs nouvelles maisons.

UN DÉGRADÉ DE COULEURS

Une fourrure "shaded" est composée d'un poil de jarre foncé et d'un sous-poil blanc. Sur les poils de jarre, la nuance foncée part de la pointe du poil mais n'en colore que la moitié, ("shaded"), et presque tout le poil des fourrures "smoke" (fumée). Le sous-poil blanc est visible

FOURRURE "SHADED"

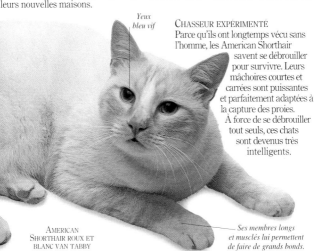

Yeux bleu vif

CHASSEUR EXPÉRIMENTÉ

Parce qu'ils ont longtemps vécu sans l'homme, les American Shorthair savent se débrouiller pour survivre. Leurs mâchoires courtes et carrées sont puissantes et parfaitement adaptées à la capture des proies. À force de se débrouiller tout seuls, ces chats sont devenus très intelligents.

AMERICAN
SHORTHAIR ROUX ET
BLANC VAN TABBY

Ses membres longs et musclés lui permettent de faire de grands bonds.

AMERICAN WIREHAIR

L'American Wirehair et son poil hirsute sont unique. Descendant d'un chaton mâle à poil dru, né en 1967 dans l'État de New York, aux États-Unis, cette curieuse race est presque inconnue en dehors d'Amérique du Nord.

LONDRES BOMBARDÉE
C'est en Angleterre, durant la Deuxième Guerre mondiale, qu'on remarqua les premiers chats à poil hirsute parmi des bandes de chats retournés à l'état sauvage.

Les marques tabby semblent en relief.

AMERICAN
WIREHAIR SILVER
TABBY MACKEREL

PELAGE FRISOTTÉ
Le poil de jarre de l'American Wirehair, fin et recourbé à l'extrémité, est bouclé, ce qui donne un pelage dense et élastique qui ressemble à de la laine d'agneau au toucher. Les chatons naissent avec un pelage serré et frisé. Ce n'est qu'à quatre ou cinq mois que le pelage prend cette texture crêpue définitive.

La fourrure dens peut être ondulée et même frisée à la pointe du poi

Tête arrondie
aux pommettes
saillantes

Sous le menton
et le ventre,
la fourrure
est moins
grossière que
sur le reste
du corps.

Les rayures sont
appelées
"mackerel"
(maquereau)
parce ce qu'elles
font penser
à un squelette
de poisson.

Les poils dans les
oreilles sont
également frisés.

MOUSTACHES FRISÉES
Chez le Wirehair, les
moustaches sont
ébouriffées et frisées.
Si la fourrure
est mouillée, il faut
plusieurs jours
pour qu'elle retrouve
sa souplesse.
C'est un poil facile
à entretenir.

UNE RACE ROBUSTE
Ces chats ont été croisés
avec des American Shorthair.
Les Wirehair, comme ce tabby
brun et blanc, sont plus petits.
Ce sont des chats joueurs
et curieux qui vivent vieux.

TABBY CLASSIQUE
BRUN ET BLANC

EUROPÉEN

Connus en Europe depuis
des milliers d'années, c'est
seulement en 1982 qu'ils
furent reconnus comme
race à part entière.
Avant cette date, on
les considérait comme
des British Shorthair
avec lesquels ils n'ont que
très peu de différences.

EUROPÉEN
TORTIE SMOKE

DES ORIGINES MODESTES

Croisement de chats européens sans pedigree
avec des British Shorthair, pour obtenir
des chats plus grands, il s'agit aujourd'hui
d'une race distincte et les croisements
ne sont plus autorisés ; les Européens évoluent
selon des critères qui leur sont propres.

LE SAVIEZ-VOUS ?

• Ces chats trapus
et athlétiques sont
d'excellents animaux
de compagnie mais
conservent une vive
attirance pour la chasse.

• La plupart des chats
blancs aux yeux bleus
sont sourds, sauf ceux
d'une variété rare
d'Européens de ce type.

*Longtemps
exposés au soleil,
les poils noirs de
leur fourrure ont
tendance à
tourner au roux.*

*Pieds trapus
et arrondis*

ANCIEN FRANÇAIS À POIL COURT
Les moines du monastère
de la Grande Chartreuse,
près de Grenoble, élevaient,
au Moyen Âge, la race ancienne
et rare des Chartreux pour
sa fourrure. Souvent confondu
avec l'Européen "Bleu",
ces chats gris-bleu avaient
pratiquement disparu dans
les années 20.

*Les marques
"tabby" s'atténuent
au moment
de la mue.*

EUROPÉEN TABBY
CRÈME ET CAMEO

SIGNES DISTINCTIFS
Aujourd'hui, l'Européen a la tête plus allongée
et le corps plus harmonieux que le British
Shorthair. Les couleurs et les marques sont
variées. L'Européen est un chat robuste, doté
d'un bon caractère. Il est moins populaire
que ses homologues : le British et l'American
Shorthair.

*Queue courte
et épaisse*

DIFFÉRENTES RACES DE REX

Très original, le Rex a un pelage frisé typique.
Le poil est court et ondulé comme celui
du lapin Rex. Le pelage frisé est rare chez
les chats, mais il s'agit d'une mutation
naturelle et ce genre de poil
réapparaît de loin en loin chez
des chats de différents pays.
Aujourd'hui cependant,
seules trois races de Rex
à poil ondulé sont recherchées
comme animaux de compagnie.

DEVON REX
CRÈME

*Grandes oreilles
aux extrémités
arrondies, couvertes
d'un poil fin.*

*Les moustaches
sont frisées
et parfois fragiles.*

*Yeux
ovales très
écartés*

LE PREMIER DEVON REX

Kirlee, le premier Devon Rex
gris smoke, fit son apparition
en 1960 après un croisement
entre un chat de compagnie
et un grand chat frisé du
voisinage. *Kirlee* est né dans
le Devon, région de l'Ouest
de l'Angleterre. Le Devon Rex
a une fourrure plus torsadée
que le Cornish Rex.

BILLE DE CLOWN

La tête du Devon Rex ne
ressemble à aucune autre. Elle
est courte et large, avec de grands
yeux et des joues proéminentes.
Si on y ajoute les grandes oreilles
de chauve-souris, tout cela donne
au chat un air espiègle qui correspond
bien à son caractère joueur.

Les individus des deux sexes ont des bajoues.

UN REX PLUS RÉCENT

Le Selkirk est la dernière race de Rex, qui fit son apparition en 1987. La texture exceptionnelle du pelage apparaît dix mois après la naissance. Les chatons perdent leur premier poil frisé et gardent un pelage hirsute et clairsemé pendant deux ou trois mois avant d'acquérir leur robe définitive.

Pelage épais et pelucheux avec des ondulations souples sur tout le corps.

SELKIRK REX
BLEU CRÈME

Marques de type Siamois

CORNISH REX

Son pelage, court et doux en raison de l'absence de poil de jarre, rend le chat sensible au froid et à la pluie. Ce pelage particulier et son habitude de remuer la queue quand il est content lui ont valu le surnom de "chat caniche".

On peut "peigner" la fourrure ondulée avec les doigts.

Le corps est svelte, mais ces chats ont tendance à grossir.

CORNISH REX
SI-REX CHOCOLAT
POINT

Le poil s'aplatit quand il est mouillé et ne reprend son pli qu'une fois sec.

SPHYNX

C'est la race féline la plus étonnante et la plus controversée. Certains pensent qu'on devrait arrêter l'élevage de ce "chat nu" dont l'absence de poil constitue une menace pour sa santé. La nudité existe chez certains animaux, comme le chien ou la souris, mais cela reste tout à fait exceptionnel.

SPHYNX NOIR
ET BLANC

La peau ressemble à du daim.

LE SAVIEZ-VOUS ?

• L'absence de poil rend ce chat sensible au froid et au soleil.

• Le Sphynx se tient souvent avec une patte levée.

• Le Sphynx est chaud au toucher, d'où son surnom de "bouillotte de daim".

LE CHAT NU

Le Sphynx moderne vient d'une race mutante née au Canada en 1966, d'une chatte noir et blanc. La couleur du Sphynx est due à une pigmentation de la peau. Les zones roses correspondent à ce qui serait une fourrure blanche chez un chat à fourrure, et la peau noire à une fourrure noire.

SPHYNX BRUN
ET BLANC

UN FRONT SOUCIEUX
Le Sphynx possède une face anguleuse
avec une peau ridée sur le front. Les oreilles
triangulaires, à l'extrémité arrondie, sont
très grandes. Les moustaches sont courtes
ou atrophiées, parfois même absentes.

*Pommettes
très
prononcées*

*La
couleur
des yeux
s'harmonise
avec celle de la peau.*

CHATON
SPHYNX BRUN
ET BLANC

POILU À LA NAISSANCE
Le Sphynx vient au monde
avec un pelage léger. Il le perd
peu à peu en vieillissant et se
retrouve "nu", sauf sur la queue,
la face, les oreilles et les pattes.
La peau plissée du chaton
devient lisse avec l'âge.

*Chaque chat présente
des motifs différents.*

*Le poitrail
semble ballonné.*

*Les Sphynx
transpirent, il faut donc
les nettoyer avec
une éponge humide.*

*Touffe de poils
à l'extrémité
de la queue*

DES ORIGINES AZTÈQUES
Les premiers chats sans poil ont été
élevés par les Aztèques aux XIVe
et XVe siècles, au Mexique. Cette tête
sculptée témoigne qu'ils vivaient
entourés de chats. Ils élevaient aussi
des chiens sans poil qui existent toujours,
mais les premiers "chats nus" ont disparu.

TÊTE
DE CHAT AZTÈQUE
SCULPTÉE

CALIFORNIA SPANGLED CAT

Lancé comme un produit de luxe, à Noël 1986, par le célèbre magasin américain Neiman-Marcus, cette race fit immédiatement sensation. Son apparence sauvage, son intelligence et son tempérament actif ont suscité un tel intérêt qu'il y a une longue liste d'attente pour se procurer des chatons.

SYMBOLE ÉCOLOGIQUE
Le créateur du California Spangled Cat cherchait à attirer l'attention des amateurs sur la situation critique des félins sauvages dans le monde. Ce qui explique la ressemblance de ces chats sveltes et musclés à fourrure tachetée avec leurs cousins sauvages.

Les taches sont rondes, carrées ou triangulaires.

CALIFORNIA
SPANGLED GOLD

aul Casey nant dans bras Yuma, silver âgé de 8 mois.

SOURCE D'INSPIRATION
C'est en voyant un léopard au cours d'un voyage en Afrique que Paul Casey eut l'idée de créer le California Spangled Cat. Seuls des chats domestiqués furent utilisés pour développer la nouvelle race. Casey dut attendre six générations pour obtenir les caractéristiques qu'il désirait.

UN ÉLEVEUR DÉTERMINÉ
En 1971, le scénariste Paul Casey voulut créer une race qui ressemblerait à un chat sauvage. Il donna aux premiers chatons des noms de tribus indiennes.

Oreilles arrondies en arrière de la tête, loin du visage.

FOURRURE MOUCHETÉE
Les taches de la fourrure sont identiques pour toutes les variétés, mais la couleur change. Il existe une exception : la panthère des neiges, blanc immaculé à la naissance voit ses taches se développer progressivement.

CALIFORNIA
SPANGLED BLEU

MAU

Cette race remonterait à l'Antiquité égyptienne. Les marques du Mau sont les mêmes que celles des chats que l'on voit sur les manuscrits et les peintures funéraires de l'Égypte antique. Le Mau moderne fit son apparition dans les années 50 ; il est issu d'un chat tacheté amené du Caire jusqu'en Italie par une princesse.

SCULPTURE, ÉGYPTE (600 AV. J.-C.)

Les marques des chatons so[nt] plus discrètes que celles des adulte[s].

Face arrondie et grandes oreilles pointues.

CHATON BLACK SMOKE

CHATON MAU SILVER

LE CHAT SACRÉ
Les anciens Égyptiens croyaient que les chats étaient divins. Ils adoraient, parmi d'autres, Bastet, la déesse-chat, et lui dédièrent un grand nombre de statues et d'objets d'art. À l'époque, tuer un chat était passible de mort.

DE NOBLES ANTÉCÉDENTS
"Mau" désignait le chat domestique sacré en égyptien ancien. La race actuelle s'est développée surtout aux États-Unis. Il existe des Mau silver, bronze et black-smoke.

DES YEUX SUPERBES
Les grands yeux verts des
Mau sont particulièrement
attirants. Mais ils n'ont cette
couleur que deux ans après
la naissance, et peuvent pâlir
quand le chat vieillit. Leur
forme ovale est rehaussée
par les lignes sombres
qui barrent les joues.

MAU
SILVER

*Marque tabby
caractéristique en
forme de "M",
au milieu de la tête.*

*Les lignes
de "mascara" sur
le visage font penser
au maquillage
des Égyptiens
de l'Antiquité.*

ORIENTAL SPOTTED
Jadis, on confondait, à tort,
ce chat avec le Mau. Aujourd'hui,
classé Oriental Shorthair,
ce type de tabby est issu
de Siamois et n'a rien à voir
avec l'Égypte.

*Les taches rondes
sont disposées régulièrement
sur le corps.*

*Une ligne sombre
court le long du dos
et se termine en
rayures sur la queue.*

OCICAT

L'une des plus récentes races à poil court apparut aux États-Unis en 1964. L'Ocicat, qui a un peu l'aspect d'un chat sauvage, a été obtenu à la suite d'un accouplement fortuit entre un Siamois et un Abyssin croisé de Siamois. Le nom "Ocicat" est la combinaison des noms donnés à cette race au départ : "Accicat", évoquant son origine accidentelle, et "Ocelette", pour sa ressemblance avec l'ocelot.

OCICAT
CHOCOLAT

Yeux en amande

Corps de grande taille et puissant

Membres musclés avec des marques sombres

Pattes ovales puissantes

COMME DES PETITS DE CHATS SAUVAGES
Les chatons Ocicat naissent avec de ravissantes taches, moins distinctes que celles des adultes. La fourrure du chaton commence à changer environ cinq semaines après la naissance. La ressemblance des chatons avec de jeunes chats sauvages séduisit la propriétaire des premiers petits au point qu'elle décida de fonder la race.

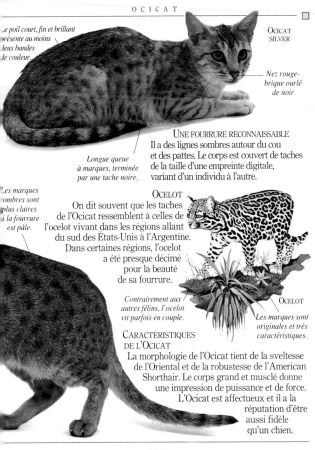

OCICAT
SILVER

e poil court, fin et brillant
présente au moins
deux bandes
de couleur.

Nez rouge-
brique ourlé
de noir

Longue queue
à marques, terminée
par une tache noire.

UNE FOURRURE RECONNAISSABLE

Il a des lignes sombres autour du cou
et des pattes. Le corps est couvert de taches
de la taille d'une empreinte digitale,
variant d'un individu à l'autre.

es marques
sombres sont
plus claires
i la fourrure
est pâle.

OCELOT

On dit souvent que les taches
de l'Ocicat ressemblent à celles de
l'ocelot vivant dans les régions allant
du sud des États-Unis à l'Argentine.
Dans certaines régions, l'ocelot
a été presque décimé
pour la beauté
de sa fourrure.

Contrairement aux
autres félins, l'ocelot
vit parfois en couple.

OCELOT

Les marques sont
originales et très
caractéristiques.

CARACTÉRISTIQUES
DE L'OCICAT

La morphologie de l'Ocicat tient de la sveltesse
de l'Oriental et de la robustesse de l'American
Shorthair. Le corps grand et musclé donne
une impression de puissance et de force.
L'Ocicat est affectueux et il a la
réputation d'être
aussi fidèle
qu'un chien.

ORIENTAL

Cette race de chats souples et élégants a été créée
pour obtenir des chats de type siamois, sans les points.
L'Oriental est intelligent et vif ; les
couleurs et les marques de sa robe sont
très variées. Son élégance naturelle
en fait un chat
de plus en plus
recherché.

*La marque en
forme d'huître
sur le flanc
est typique des
tabbies
classiques.*

ORIENTAL
TABBY CHOCOLAT
CLASSIQUE

*Corps long
et svelte à la fourrure
soyeuse.*

*Bracelets
de fourrure
chocolat-brun
sur les pattes.*

LE SAVIEZ-VOUS ?

• Presque toutes
les variétés ont
les yeux verts.

• Ces chats sont plus
calmes que leurs
ancêtres Siamois,
mais ils sont aussi
exigeants.

• Le premier Oriental
(un Havana)
fut créé en 1951.

SVELTESSE DU CORPS

Comme le Siamois, ce chat est longiligne.
La délicatesse des pattes et la finesse
de la longue queue ajoutent à l'élégance
de son pelage lustré. Les Orientaux
sautent, courent et grimpent avec
une grâce et une aisance
déconcertantes.

*Pieds ovales
délicats*

UNE GRANDE VARIÉTÉ

Au cours des dernières
années, le nombre de variétés d'Orientaux
n'a cessé d'augmenter. Si l'on considère
les couleurs et les marques innombrables
qui existent, on estime à 400 le nombre
actuel de variétés.

*Pattes
longues
et fines.*

FOREIGN NOIR, OU ÉBÈNE

L'Oriental ébène est l'une des premières variétés, issue de croisements entre des Siamois et des Bleus russes ; sa fourrure noire de jais est soyeuse. Comme les autres Orientaux, il est actif et énergique ; on peut l'habituer à être tenu en laisse.

Tête anguleuse avec de grandes oreilles pointues.

ORIENTAL CHOCOLAT TORTIE

FOREIGN ROUGE

Les individus de couleur unie ne sont pas considérés comme des Orientaux au sens strict du terme – pour cela ils doivent avoir des taches, comme les chats écailles-de-tortue ou les tabbies.

Taches réparties irrégulièrement.

La fourrure rase est fine et lustrée.

KORAT

Apprécié pendant des siècles dans son Siam natal (aujourd'hui la Thaïlande), le Korat est l'une des plus anciennes races félines. Ce chat bleu-argenté sombre a une belle histoire en Asie du Sud-Est. Les Thaïlandais l'appellent "Si-sawat" parce qu'ils pensent que ce chat porte bonheur à son propriétaire.

KORAT

Fourrure rase, fine et soyeuse

LE ROI RAMA V
On raconte que Rama V, roi du Siam de 1873 à 1910, donna au Korat le nom de la province thaï où l'on élève ces chats superbes depuis des siècles.

UNE FOURRURE MAGNIFIQUE
Le poil du Korat est d'un beau bleu avec des pointes argentées qui donnent au pelage des reflets d'argent. Ce chat aux origines tropicales n'a pas de sous-poil, dont le rôle est de maintenir le corps au chaud. Il est donc vulnérable au froid.

UNE HISTOIRE ANCIENNE
Le "Livre des Poèmes du Chat", écrit entre 1350 et 1767 en Asie du Sud-Est, décrit avec tendresse le Korat. D'après une vieille légende thaï, la race aurait été créée par deux ermites.

Corps souple et musclé de taille moyenne.

**CADEAUX DE MARIAGE
PORTE-BONHEUR**
En Thaïlande, on offre souvent
ces chats, considérés comme
porte-bonheur, aux jeunes
mariés. On dit que jadis
on utilisait les Korats dans
les cérémonies destinées à faire
venir la pluie. Ces chats
paisibles et casaniers
sont très appréciés
depuis leur introduction
en Occident à la fin
des années 50.

*Jeunes mariés
traditionnels
en Thaïlande*

CÉRÉMONIE
DE MARIAGE
THAÏ

KORATS

*Yeux ronds d'un vert
lumineux, tête reconnaissable
en forme de cœur.*

*Le Korat est
d'un naturel affectueux
et enjoué.*

BLEU RUSSE

Cette race possède un pelage particulièrement doux et soyeux. Elle s'est développée près du cercle Arctique, faisant d'elle la race la plus septentrionale du monde. Un mystère entoure le chat, mais il est probablement natif de Russie. À l'origine tous les Bleus russes étaient bleus, mais aujourd'hui, on voit apparaître bien d'autres colorations.

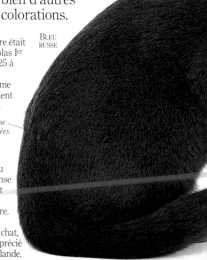

UN RUSSE CÉLÈBRE
Le Bleu russe le plus célèbre était le chat favori du Tsar Nicolas Ier de Russie, empereur de 1825 à 1855. Bien que les Russes considèrent cette race comme un porte-bonheur, elle devient rare dans son propre pays.

BLEU
RUSSE

*Poil bleu uniforme
aux pointes argentées.*

CARACTÉRISTIQUES EXCEPTIONNELLES
La double fourrure du Bleu russe est remarquable. Dense et douce, le poil légèrement dressé, elle fait penser à celle des otaries à fourrure. Le corps est longiligne et gracieux mais puissant. Ce chat, docile et calme, est très apprécié en Suède et en Nouvelle-Zélande.

Yeux vert-émeraude

LES CHATS D'ARCHANGE

Jusque vers 1800, les Bleus russes ont voyagé sur des bateaux qui partaient du port russe d'Archange (ci-dessus). C'est ce qui leur valut leur premier nom d'"Archange". On ignore pourquoi cette race reçut des noms différents, parmi lesquels "l'Espagnol" ou "le Maltais".

DE NOUVELLES COULEURS

À l'origine le Bleu russe est "bleu", coloration toujours dominante. Mais, récemment, des éleveurs australiens et néo-zélandais ont obtenu des chats blanc immaculé et noir de jais dont la popularité ne cesse d'augmenter.

BLEU RUSSE BLANC

Grandes oreilles dressées à peau fine

Pattes à l'ossature délicate, petits pieds

La fourrure blanche paraît presque translucide.

SINGAPURA

Cette race de petite taille est nouvelle venue
en Occident. Ses ancêtres sont les chats harets de
Singapour qui vivent dans les rues de cette île asiatique
depuis des siècles. Le Singapura fit son apparition
aux États-Unis en 1975. Sa rareté explique qu'il atteigne
des prix très élevés.

La couleur des yeux change neuf semaines après la naissance.

CHATONS
SINGAPURA

Les yeux et le nez sont ourlés de noir.

Au toucher, le pelage est lisse et soyeux comme du satin.

FOURRURE TIQUETÉE
Elle est d'une chaude teinte
ivoire, avec un tiquetage
brun sombre. L'extrémité
des poils est sombre.

LE SAVIEZ-VOUS ?

• Le nom de cette race
vient du nom malais
de l'île de Singapour.

• Les ancêtres du
Singapura sont des chats
harets qui vivaient dans
les égoûts des villes.

• En 1988, un acheteur
a proposé 10 000 dollars
pour un Singapura
adulte mâle.

DES
CHATS MINUSCULES
Cette race est la plus petite
du monde. Un mâle pèse
en général moins de 2,7 kg
– on se souvient que
le Maine Coon, qui est l'un
des chats les plus gros, pèse 8 kg.

Les yeux et les oreilles sont grands par rapport à la tête.

CHATS HARETS D'ASIE DU SUD-EST

Les chats harets, ou chats des rues, d'Asie du Sud-Est ont été utilisés au cours des dernières années pour créer de nouvelles races, notamment le Singapura et l'Abyssin sauvage. Les chats harets de la photographie ci-dessus vivent en Indonésie, l'un des pays qui possèdent les plus importantes populations félines du monde.

CARACTÉRISTIQUES DU SINGAPURA

Le corps délicat de ce chat est souligné par sa fourrure fine et rase. On emploie le mot agouti pour décrire cette fourrure à tiquetage, à cause de sa ressemblance avec celle du rongeur d'Amérique du Sud qui porte ce nom. C'est un chat curieux et audacieux qui aime la compagnie des gens.

SINGAPURA

Le dessous du corps est plus pâle que le dos et les flancs.

La queue est plus foncée que le reste du corps.

BOMBAY

On reconnaît le Bombay à sa fourrure noir de jais qui brille comme du cuir verni et à ses yeux dorés. La race fit son apparition en 1958, à la suite d'un croisement entre un American Shorthair noir et un Burmese sable, destiné à créer un chat qui ressemblerait à une panthère noire miniature.

BOMBAY

Face anguleuse avec un museau court

Les yeux sont bleus à la naissance, puis deviennent gris, pour finir cuivrés ou dorés.

UN MARCHÉ DE BOMBAY
On a donné à cette race de chat le nom du port grouillant et coloré situé en Inde, pays des panthères noires.

UN ANIMAL DÉMONSTRATIF
Le tempérament très affectueux du Bombay fait de lui un animal de compagnie idéal. Il a de la personnalité et ne se laisse pas intimider par les chiens. Le Bombay aime se faire entendre et ne cesse presque jamais de ronronner ; il adore qu'on s'occupe de lui et déteste rester seul.

UN PETIT AIR SAUVAGE
Le félin qui a inspiré
le Bombay est le léopard,
avec une mutation
génétique pour obtenir
une fourrure noire.
Les panthères noires
vivent surtout dans
les forêts, camouflées
par leur pelage.

COULEUR
UNIFORME

COULEUR UNIFORME
Le Bombay est un bon exemple
de chat à coloration unie : le poil est
de la même couleur de la racine à la
pointe. La profondeur de la couleur
ne varie pas, sur toute
la longueur du poil.
Les couleurs unies
typiques sont noir,
blanc, rouge
et chocolat, ou,
dans des teintes
plus pâles, bleu,
crème et lilas.

COULEUR UNIE

Tous les Bombay
sont noirs, il n'existe
pas d'autre coloration.

La fourrure
brillante
est courte
et dense.

Corps de taille
moyenne, ferme
et musclé

Queue de longueur moyenne

ABYSSIN SAUVAGE

Les éleveurs apportent plus de variété aux races domestiques. L'Abyssin Sauvage (sans rapport avec l'Abyssin ordinaire) provient de croisements effectués à partir de chats harets de Singapour, dans le but de créer une nouvelle race à fourrure tiquetée.

ABYSSINS SAUVAGES

Un "collier" de fourrure noire entoure le cou.

DES RACINES ASIATIQUES
Il existe des théories contradictoires à propos des tabbies mouchetés. Certaines races se seraient développées en Afrique. De nouvelles études génétiques prouvent que ces chats sont apparus près de l'Inde et ont gagné l'Est par la route des épices, probablement sur des dhaws (bateaux).

UNE NOUVELLE RACE
L'Abyssin Sauvage a été créé dans les années 80. Pour maintenir l'aspect sauvage de la race, on importe des chats harets toutes les cinq générations, pour les croiser avec des Abyssins Sauvages de race pure. Cela évite les problèmes de consanguinité.

Les pattes ovales sont larges et puissantes.

Le tiquetage est plus visible sur les flancs et le dos.

Le "M" qui marque le front imite la forme du scarabée.

Tête longue, avec de grands yeux

Sur les membres, les marques typiques du tabby.

SCARABÉE D'AFRIQUE

UN SCARABÉE SUR LE FRONT
Comme les autres tabbies, cette race a le front marqué d'une tache sombre en forme de scarabée, considéré par les anciens Égyptiens comme un animal sacré et qu'ils ont représenté dans de nombreuses œuvres d'art.

TABBY SAUVAGE
L'Abyssin Sauvage est reconnaissable aux marques sombres de sa robe. La fourrure est d'un brun doré au ticking noir, avec un sous-poil rouge-orangé. La queue est cerclée de bandes noires.

LE SAVIEZ-VOUS ?

• Malgré son nom, aucun félin sauvage n'est à l'origine de cette race.
• L'Abyssin Sauvage est de tempérament indépendant mais affectueux.
• Sa corpulence et ses marques tabby le distinguent des Abyssins ordinaires.

SANS PEDIGREE

Les chats sans pedigree n'ont rien perdu de leur popularité depuis leur domestication il y a 5 000 ans. Aujourd'hui, 95 % des chats de compagnie sont des chats de gouttière. Ces chats, très adaptables, sont aussi différents que nombreux. Chacun a sa physionomie propre et sa personnalité.

Les chats de gouttière ont chacun leurs propres marques.

TABBY BRUN

CHAT COMMUN

De tous temps, les chats ont figuré dans des œuvres littéraires. L'un des plus célèbres de la littérature est le chat du Chester dans *Alice au Pays des Merveilles* de Lewis Carroll (1865), le chat qui disparaît en ne laissant de lui que son sourire fendu jusqu'aux oreilles.

UNE GRANDE VARIÉTÉ

La plupart des chats sans pedigree ont des marques tabby, comme leurs cousins sauvages. Les fourrures bicolores sont également répandues. Les chats de gouttière unicolores sont beaucoup plus rares.

Fourrure noire parsemée de poils blancs

Taches blanches irrégulières

DES CITADINS ROBUSTES

Les chats de gouttière forment la majorité des chats de compagnie, surtout parce qu'ils sont résistants et faciles à vivre. Les chats noir et blanc sont très appréciés pour leur tempérament équilibré.

Morphologie robuste

GOUTTIÈRE NOIR ET BLANC

Petites oreilles très écartées

Les mâles ont souvent des bajoues proéminentes.

Marques tabby sur toute la longueur de la queue large, arrondie au bout.

DÉFENSE DU TERRITOIRE
Mâles et femelles marquent leur territoire, mais les mâles non castrés veulent toujours plus grand. Ils marquent la zone qu'ils se sont appropriée en urinant, laissant des marques de griffe et imprégnant les objets de leur odeur. Ils sont toujours prêts à se battre pour défendre leur territoire.

Corps compact et musclé

TABBY
ROUX
ET BLANC

Le gène du poil roux vient probablement d'Asie.

Pattes courtes terminées par des pieds puissants.

LE SAVIEZ-VOUS ?

• Le chat de gouttière a une espérance de vie plus longue que le chat de race.

• Le plus vieux chat domestique était un British tabby qui a vécu jusqu'à 36 ans.

• La fourrure du chat semble refléter son tempérament. Les tabbies sont le plus souvent placides et calmes.

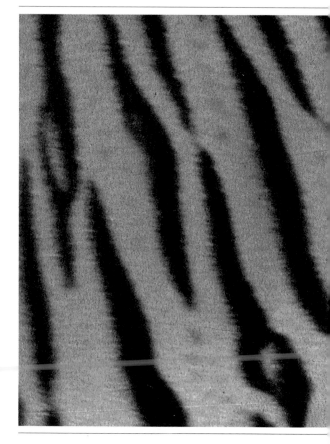

LES FÉLIDÉS
DANS LE MONDE

CARACTÉRISTIQUES DES FÉLINS SAUVAGES

Ces animaux timides et foncièrement solitaires sont d'habiles chasseurs. La plupart d'entre eux attendent la nuit pour traquer leurs proies sans être vus. Les espèces sauvages et résistantes se sont adaptées à tous les milieux de notre planète, mais sont très menacées par la chass et la destruction de l'habitat

UNE FOURRURE MAGNIFIQUE ET DOUCE

L'ocelot vit dans la forêt et la brousse, depuis le sud-ouest des États-Unis jusqu'au sud de l'Amérique du Sud. Aujourd'hui, un grand nombre de ces gracieuses créatures ont été exterminées pour la beauté de leur fourrure.

L'ocelot mesure 45 cm au garrot.

OCELOT

LEURS HABITATS

Les félins du monde ont dû s'adapter à tous les habitats, des déserts brûlants aux plateaux glacés ; ils vivent où ils trouvent leur nourriture. Ce tigre sibérien chasse tout l'hiver, parcourant d'énormes distances. C'est le plus grands des félins sauvages.

ÉLEVAGE DES PETITS

La femelle cherche un endroit tranquille pour mettre ses petits au monde. Pendant quelques mois, elle doit les nourrir et leur apprendre à chasser. Comme tous les jeunes félins, ces bébés guépards vont affronter de nombreux dangers pendant leurs premières années.

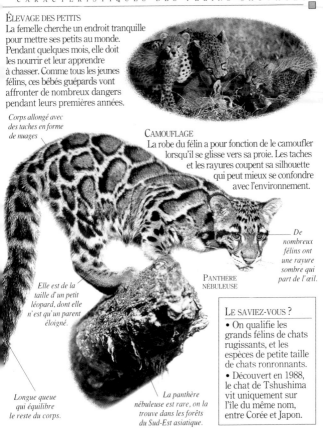

Corps allongé avec des taches en forme de nuages

CAMOUFLAGE

La robe du félin a pour fonction de le camoufler lorsqu'il se glisse vers sa proie. Les taches et les rayures coupent sa silhouette qui peut mieux se confondre avec l'environnement.

De nombreux félins ont une rayure sombre qui part de l'œil.

PANTHÈRE NÉBULEUSE

Elle est de la taille d'un petit léopard, dont elle n'est qu'un parent éloigné.

Longue queue qui équilibre le reste du corps.

La panthère nébuleuse est rare, on la trouve dans les forêts du Sud-Est asiatique.

LE SAVIEZ-VOUS ?

• On qualifie les grands félins de chats rugissants, et les espèces de petite taille de chats ronronnants.

• Découvert en 1988, le chat de Tshushima vit uniquement sur l'île du même nom, entre Corée et Japon.

LES PETITS FÉLINS SAUVAGES

Moins connues que leurs grands cousins mais plus nombreuses, les 28 espèces répertoriées vont du minuscule chat à pieds noirs d'Afrique du Sud au grand puma. Beaucoup vivent dans les forêts où les magnifiques dessins de leur pelage se fondent dans les ombres de la nuit.

CHAT DORÉ
D'ASIE

Les chats dorés ont parfois été apprivoisés.

LE CHAT DORÉ D'ASIE
Il vit dans les forêts tropicales du Népal et de l'Asie du Sud-Est. Comme les autres petits chats sauvages, c'est un excellent grimpeur, capable d'attraper des oiseaux jusqu'au sommet des arbres. Timide et insaisissable, on le voit peu dans la nature. Il devient rare à cause du déboisement qui détruit son habitat.

LE CHAT PÊCHEUR
Ce curieux félin d'Asie se nourrit de poissons, de coquillages, d'escargots et autres habitants des eaux peu profondes. Ses pattes antérieures sont légèrement palmées, ce qui lui permet de nager pour pêcher.

LE CHAT SAUVAGE

Le chat sauvage, ancêtre de toutes les races domestiques, se rencontre encore en Afrique, en Asie et en Europe. Ce chat sauvage écossais fait penser à un tabby domestique, mais c'est un redoutable chasseur de rongeurs et d'oiseaux. Le chat sauvage d'Europe vit en général dans des régions reculées. Ce sont des populations africaines qui ont été domestiquées.

Le chat de Geoffroy est à peu près de la taille d'un chat domestique.

LE CHAT DES SABLES

D'épaisses touffes de poils protègent les pattes de ce félin contre la brûlure du sable saharien. Le jour, il s'enfouit dans un terrier et attend la nuit pour chasser.

Le chat des sables ne pèse que 2,3 kg.

LE CHAT DE GEOFFROY

Cette espèce, qui vit en altitude au sud de l'Amérique du Sud, est surnommée "chat montagnard". Sa tête est courte et large ; il court, nage et grimpe avec aisance, et Geoffroy dort parfois dans des trous d'arbres pendant la journée.

Sa fourrure lui tient chaud et lui sert de camouflage.

SERVAL ET CARACAL

Ils vivent dans les prairies et les régions semi-désertiques d'Afrique, le caracal étant aussi présent au Moyen-Orient et en Asie. Servals et caracals sont de fins chasseurs : avec leurs grandes oreilles, ils localisent avec précision les petits animaux qui fouillent le sol.

SERVAL

Les marques sont différentes pour chaque individu.

LE SERVAL ET L'HOMME

En Afrique, l'homme a longtemps chassé le serval pour sa viande et pour fabriquer des capes de fourrure. Dans l'Est africain, ce félin sauvage sert parfois d'animal de compagnie.

Il existe des servals noirs, surtout au Kenya.

CHAT DES SAVANES

Le serval mesure 61 cm au garrot. Il vit seul, souvent près de l'eau et utilise son ouïe et sa vue exceptionnelles pour traquer et capturer ses proies, souvent au crépuscule.

Comme les autres petits félins sauvages, le serval ne rugit pas, mais il lui arrive de ronronner.

Ses longues pattes antérieures lui permettent d'échapper rapidement aux chiens de chasse.

Queue courte

UNE TANIÈRE DANS LE DÉSERT
Le caracal chasse à découvert dans les régions arides. On l'appelle le lynx du désert, bien qu'il ne vive pas dans de véritables déserts et qu'il ne soit pas non plus un lynx. La femelle établit sa tanière dans un terrier ou une grotte et c'est là qu'elle met bas jusqu'à quatre petits. Les caracals sont devenus rares de nos jours.

CHASSEURS NOCTURNES
Bien que capables de tuer des animaux plus gros qu'eux, les caracals se nourrissent de lézards, d'oiseaux, de petits mammifères et d'insectes. Ils sont furtifs et restent immobiles, à l'affût, lorsqu'ils chassent à la tombée de la nuit.

Le nom vient du turc "karakal" qui signifie "oreilles noires".

CARACAL

Les touffes de poils des oreilles mesurent jusqu'à 4,5 cm de long.

Caracal à la chasse aux oiseaux.

PEINTURE INDIENNE
D'UN CARACAL
ET DE SON
DRESSEUR

CHASSEUR D'OISEAUX
Le caracal est un excellent chasseur d'oiseaux. D'un coup de patte, il assomme le volatile au moment où il s'envole. Depuis des siècles, en Inde, les gens dressent les caracals pour ce talent.

Le caracal émet une sorte d'aboiement.

LE GUÉPARD

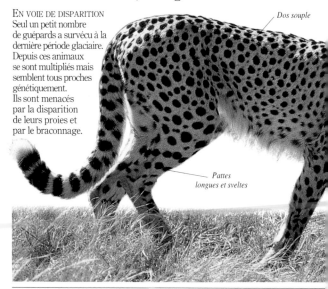

GUÉPARD

Le guépard est le mammifère le plus rapide du monde et surpasse tous les autres chasseurs. Jadis, on dressait les guépards pour la chasse. Vers 1600, l'empereur Moghol en Inde possédait 1 000 guépards. Le plus beau spécimen de sa collection était un guépard blanc à taches bleutées, d'une grande rareté.

EN VOIE DE DISPARITION
Seul un petit nombre de guépards a survécu à la dernière période glaciaire. Depuis ces animaux se sont multipliés mais semblent tous proches génétiquement. Ils sont menacés par la disparition de leurs proies et par le braconnage.

Dos souple

Pattes longues et sveltes

UNE MÈRE VIGILANTE
La femelle
est solitaire.
Elle s'occupe seule
de sa portée de deux
à quatre petits.
Elle les nourrit et
les protège jusqu'à ce
qu'ils aient 15 mois.

GUÉPARD
ROYAL

*Il vit surtout
en Afrique
du Sud.*

*Ce félin au pelage lisse
et brillant vit dans
les prairies d'Afrique.*

*Le crâne est petit
mais plus long que
chez les autres chats.*

*Les rayures
sombres
remplacent
les taches.*

*Des lignes
caractéristiques
partant des yeux
descendent le long
de la face.*

DES RAYURES INHABITUELLES
C'est en 1927 qu'on repéra un guépard avec
ce pelage. On pensa d'abord qu'il s'agissait
d'une espèce différente, puis on s'aperçut
que le guépard royal pouvait faire partie de
portées de guépards normalement tachetés.

*Le pelage doré
tacheté de noir
sert de camouflage
pour chasser
dans la journée.*

*Les griffes sont
toujours sorties pour
une meilleure prise
au sol pendant
la course.*

GUÉPARD

UN VÉRITABLE SPRINTER
À cause de sa spécialité de coureur, on ne
classe pas le guépard dans le même genre
biologique que les autres Félidés. Il peut
atteindre 100 km/h sur une courte distance.

JAGUAR ET LÉOPARD

JAGUAR

On confond souvent ces deux félins. Les léopards vivent en Afrique et en Asie ; ce sont d'excellents grimpeurs. Les jaguars vivent en Amérique ; ils sont grands et trapus et sont meilleurs nageurs que grimpeurs.

Grandes taches ocellées.

FÉLIN SAUVAGE SUD-AMÉRICAIN
Aujourd'hui, les jaguars vivent dans les forêts tropicales d'Amérique centrale et du Sud. Ce sont les plus gros Félidés du continent américain, déjà admirés et respectés jadis par les Aztèques et les Incas.

TUÉS POUR LEUR FOURRURE
Le commerce des peaux est illégal, mais la chasse continue. Des centaines de jaguars et de léopards ont encore été abattus ces dernières années.

CAMOUFLAGE SOMBRE
La panthère noire est en fait un léopard noir qui vit dans les forêts denses et obscures d'Asie. Elle possède les mêmes caractéristiques que son homologue tacheté.

Des taches imperceptibles sont visibles sur le pelage.

PANTHÈRE NOIRE

CHASSEUR ET PÊCHEUR
Les jaguars savent nager et ils attrapent souvent des tortues, des caïmans et des poissons. Quand le niveau de la rivière est bas, ils vont détruire les nids de tortue creusés dans les bancs de sable, pour manger les œufs.

Aucun problème d'équilibre lorsqu'il grimpe ou se repose.

LÉOPARD

Il y a peut-être 700 000 léopards en Afrique.

MOMENT DE DÉTENTE
Les léopards, excellents grimpeurs, se reposent dans les arbres lorsqu'ils sont repus. Dans les parcs nationaux, ils ont tendance à être moins sur leurs gardes que leurs congénères qui vivent sans protection, en pleine nature.

Ses pattes puissantes lui permettent d'attraper même des girafons.

PUMA ET LYNX

Sur les pentes des montagnes ou la brousse semi-désertique, ces félins supportent les étés secs et chauds et les hivers froids et neigeux. Puma et lynx roux vivent exclusivement sur le continent américain alors que le lynx boréal vit aussi en Europe et en Asie. Les lynx se distinguent des autres chats sauvages par leur queue exceptionnellement courte et épaisse.

LYNX ROUX

Longues moustaches

Longues pattes

Le lynx roux est l'un des félins sauvages les plus répandus en Amérique.

CHAT D'AMÉRIQUE DU NORD
Le lynx roux est plus petit que le lynx boréal ; son pelage étant plus grossier il est moins recherché pour le commerce. Il arrive que des lynx roux s'aventurent dans les banlieues pour attraper des rats ou d'autres petites proies.

CHASSEUR DES MONTAGNES
Le puma est fort et résistant. Il parcourt de longues distances pour trouver sa nourriture et peut traîner une proie sur 400 m pour la cacher aux charognards.

Le pelage d'un brun sable est un camouflage parfait pour les hautes plaines.

LYNX D'EUROPE MENACÉ

Le lynx espagnol est plus petit que son cousin eurasien. Il se nourrit de lapins, d'oiseaux et de poissons mais il lui arrive de chasser de jeunes cerfs, d'où son autre nom de chat-cervier, ou loup-cervier. Il est extrêmement menacé et le Sud de l'Espagne est son dernier bastion.

Pelage abondamment tacheté

LYNX D'ESPAGNE

TRAPPEURS

En hiver, la fourrure douce et épaisse du lynx boréal est très recherchée. La population des lynx d'Amérique du Nord varie avec le nombre de lièvres à raquettes qui sont sa principale nourriture.

UN FÉLIN QUI RONRONNE

On donne parfois au puma les noms de couguar et de lion des montagnes. On le trouve en Amérique du Sud et à l'Ouest des États-Unis. Les accidents de la route sont la plus grande menace contre la petite cinquantaine de pumas restant en Floride.

Les pupilles sont rondes comme chez les grands félins.

PUMA

LE LION

Jadis, on les rencontrait de la pointe sud de l'Afrique à la Méditerranée, de l'Orient à l'Asie. Les Romains les capturaient pour combattre les gladiateurs. Depuis, le lion ne vit plus que dans quelques régions d'Afrique, et dans une petite forêt en Inde.

UN TUEUR REDOUTÉ
Le lion s'attaque rarement à l'homme, mais cette sculpture du VIIIe siècle av. J.-C. montre que cela est déjà arrivé. Assez récemment, des lions ont tué 30 ouvriers pendant la construction d'une voie ferrée en Afrique orientale.

UN COUPLE FIER
Les lions vivent à découvert. Ce sont les femelles qui assurent la plus grosse partie de la chasse, en poursuivant le gibier. Le travail du mâle est de défendre le territoire de la troupe contre les autres lions.

VIE DE FAMILLE

Les lions sont les seuls grands félins vivant en groupe d'une douzaine de membres, surtout des femelles et leurs petits. Quand un jeune mâle devient adulte, il doit combattre le mâle dominant, ou bien s'en aller.

L'énorme crinière peut effrayer les rivaux.

Le mâle marque son territoire en imprégnant les arbres et les buissons de son urine.

LES LIONS D'ASIE

Au début du siècle, il ne restait qu'une douzaine de lions en Asie. Aujourd'hui, ils sont plus de 250 à être protégés, dans la forêt de Gir, en Inde.

LION ET LIONNE D'AFRIQUE

Le pelage n'a pas de marques.

La queue, et particulièrement l'extrémité recouverte de poils, sert à communiquer avec les autres lions.

LE TIGRE

C'est le plus gros et, peut-être
le plus féroce des Félidés.
Il a besoin d'un grand territoire
pour se nourrir, ce qui provoque
souvent des conflits
avec l'homme. Aujourd'hui,
il reste peut-être moins
de 5 000 tigres dans la nature.

TIGRE
DE
L'INDE

*Les tigres du Sud
de l'Asie sont plus
petits et ont un
pelage plus
éclatant que ceux
du Nord.*

*Corps
puissant,
bas sur patte.*

LE TIGRE BLANC
Cette couleur étonnante
est naturelle mais très
rare. On la trouve chez
quelques tigres du centre
de l'Inde. Plus de 100
tigres blancs on été élevés
en captivité dans les zoos.
On fait également état
d'un tigre sans rayures.

LE TIGRE ET L'HOMME
La chasse au tigre a une longue histoire.
Jadis, les chasseurs
se perchaient sur
des éléphants pour
se protéger
du grand fauv

MINIATURE
INDIENNE,
LA CHASSE
AU TIGRE.

RÔDEUR NOCTURNE SOLITAIRE
Les tigres vivent seuls dans les forêts
d'Asie où ils restent cachés la plupart
du temps. Contrairement à beaucoup
d'autres grands félins, ils aiment l'eau
et viennent y nager ou s'y rafraîchir.

GRAND FÉLIN D'ASIE
Il en existe huit sous-espèces, de taille et de couleur différentes, dont trois sont déjà éteintes. Le tigre de Sibérie est le plus grand et le plus rare. Il peut peser jusqu'à 384 kg. Il est capable d'effectuer des sauts de 12 m (quatre fois sa longueur).

Zones de pelage blanc sur la tête

Canines acérées comme es lames e rasoir.

Sur les joues, les poils sont plus longs que sur le reste du corps, surtout chez les vieux mâles.

LE SAVIEZ-VOUS ?

• Une tigresse de Champawat a tué 436 personnes.

• Le tigre attaque rarement de face. Ainsi pour le tromper, les fermiers indiens portent, derrière la tête, des masques qui représentent un visage.

TIGRE
DE SIBÉRIE

EN SAVOIR PLUS

CLASSIFICATION

La classification scientifique groupe les êtres vivants
en fonction des caractéristiques qui leur sont communes.
La classe des mammifères contient environ
4 600 espèces d'animaux à sang chaud et à fourrure ;
à l'intérieur, 20 ordres, dont celui des carnivores,
qui comprend entre autres les chats, les chiens
et les ours. La famille des chats (Félidés) se divise
en quatre genres
(*Panthera, Felis,*
Neofelis et *Acinonyx*)
et 39 espèces.

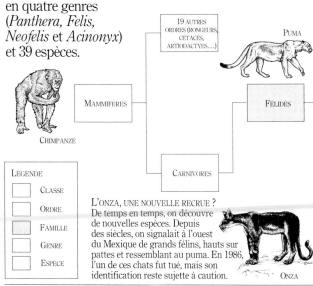

19 AUTRES ORDRES (RONGEURS, CÉTACÉS, ARTIODACTYES…)

PUMA

CHIMPANZÉ

MAMMIFÈRES

FÉLIDÉS

CARNIVORES

LÉGENDE

☐ CLASSE

☐ ORDRE

☐ FAMILLE

☐ GENRE

☐ ESPÈCE

L'ONZA, UNE NOUVELLE RECRUE ?
De temps en temps, on découvre
de nouvelles espèces. Depuis
des siècles, on signalait à l'ouest
du Mexique de grands félins, hauts sur
pattes et ressemblant au puma. En 1986,
l'un de ces chats fut tué, mais son
identification reste sujette à caution.

ONZA

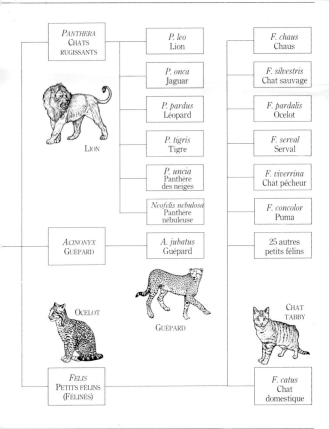

PANTHERA CHATS RUGISSANTS	*P. leo* Lion	*F. chaus* Chaus
	P. onca Jaguar	*F. silvestris* Chat sauvage
	P. pardus Léopard	*F. pardalis* Ocelot
	P. tigris Tigre	*F. serval* Serval
	P. uncia Panthère des neiges	*F. viverrina* Chat pêcheur
	Neofelis nebulosa Panthère nébuleuse	*F. concolor* Puma
ACINONYX GUÉPARD	*A. jubatus* Guépard	25 autres petits félins

LION

OCELOT

GUÉPARD

CHAT TABBY

| *FELIS* PETITS FÉLINS (FÉLINÉS) | | *F. catus* Chat domestique |

LES ESPÈCES MENACÉES

Chaque année, on tue un grand nombre de félins sauvages pour leur fourrure ou parce que certaines superstitions accordent à leurs os broyés des qualités thérapeutiques. Et ceux qui survivent voient leur habitat se réduire avec la croissance des villes, des fermes et des routes qui envahisent peu à peu les régions sauvages. La civilisation est devenue la plus grande menace pour la survie de nombreux félins.

EXEMPLE	HABITAT	RAISONS DU DÉCLIN
TIGRE	Zones dispersées de réserves forestières : Inde, Asie du Sud-Est, Chine et Sibérie.	Le tigre est tué pour ses os qui, broyés, feront des médicaments, mais aussi parce qu'il est un danger pour les gens et le bétail. Il ne reste plus que 5 000 tigres sauvages dans la nature.
MARGAY, OU CHAT TIGRE	Forêts boisées : du Mexique jusqu'en Argentine au sud, à l'est des Andes.	Jusqu'en 1980, on a chassé les margays pour leur peau, décimant la population de la zone sud de leur habitat. Le déboisement est actuellement une sérieuse menace supplémentaire.
PANTHÈRE DES NEIGES	Zones montagneuses reculées de l'Asie centrale et de l'Inde, le plus souvent à très haute altitude.	Le nombre des tigres diminuant, on s'attaque aux panthères pour leurs os. On les tue aussi parce qu'elles s'attaquent au bétail. Il reste peut-être en tout 5 400 panthères des neiges.

EXEMPLE	HABITAT	RAISONS DU DÉCLIN
CHAT D'IRIOMOTE	S'étend des montagnes aux plages de l'île d'Iriomote, située dans le Pacifique, à l'est de Taïwan.	Découvert en 1967, ce félin ne vit que dans l'île japonaise d'Iriomote. Victimes de la chasse et de la destruction de leur habitat, ils ne sont plus que 100, aujourd'hui protégés par la loi.
LION D'ASIE	Limité aux forêts de broussailles et d'épineux du parc national de Gir, à Gujarat au centre-ouest de l'Inde.	Jadis vivant dans toute l'Asie, en 1900, 12 seulement survivaient encore à la chasse. Désormais protégés dans la réserve de Gir, on en compte aujourd'hui 250.
CHAT SAUVAGE D'ÉCOSSE	Hauts plateaux montagneux et forestiers du centre et du nord de l'Écosse.	Autrefois chassé, il est maintenant protégé. La nouvelle menace réside dans les croisements avec des chats domestiques qui produisent des chats sauvages hybrides.
PANTHÈRE NÉBULEUSE	Forêts denses du sud-est de l'Asie, particulièrement Java, Sumatra, Bornéo et Taïwan.	La destruction de la forêt est leur plus grande menace. Elles sont chassées pour leur fourrure marbrée, et parfois empoisonnées par les pesticides utilisés dans l'agriculture.
LYNX D'ESPAGNE	Des montagnes reculées à la côte sud-est de l'Espagne ; régions limitrophes du Portugal.	Le déclin de cette espèce est dû à la chasse et à la réduction de son habitat. Des pièges à lynx sont encore utilisés et certains se font tuer sur les routes. Leur nombre est aujourd'hui inférieur à 400.

COMMENT CHOISIR UN CHAT

Un chat peut vivre plus de 15 ans et il a besoin
de soins et d'affection tout sa vie. Si vous acceptez
cette responsabilité, vous devez
choisir le bon compagnon.
Un chaton demande plus
de soin qu'un chat adulte,
mais s'adapte aussi plus
facilement à un nouveau foyer.

*Dans vos bras, le chaton
ne doit pas manifester
de douleur.*

UN CHATON EN BONNE SANTÉ
Il vaut mieux ne pas enlever
un chaton à sa mère avant
trois mois. Un chaton en bonne
santé est vif, joueur et alerte,
même s'il dort beaucoup.

*Il doit être
grassouillet, mais
si son ventre est
trop gros, il peut
avoir des ascaris.*

MÂLE OU FEMELLE
Chez un mâle, l'anus et le pénis sont
plus éloignés l'un de l'autre que ne le
sont l'anus et la vulve chez la femelle.

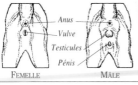

Anus

Vulve

Testicules

Pénis

FEMELLE   MÂLE

*Vous pouvez faire
castrer un chaton
à partir de quatre
ou six mois.*

*Il doit marcher
sans la moindre
claudication.*

CE QU'IL FAUT VÉRIFIER AVEC SOIN

LES OREILLES
Ni déchirées ni mordues, elles ne doivent pas être remplies de cérumen ou d'autres sécrétions. Une odeur désagréable peut indiquer une infection.

LES YEUX
Ils doivent être clairs et brillants, sans sécrétion. La troisième paupière (une pellicule blanche), au niveau du coin de l'œil, ne doit pas être visible.

LE NEZ
Le nez doit être frais et humide. Un nez qui coule, ou obstrué par des croûtes, est un signe de maladie. Un écoulement jaunâtre indique une infection.

BOUCHE ET GENCIVES
Ouvrez la bouche du chaton pour vérifier qu'aucune dent n'est cassée. Les gencives et la langue doivent être roses et saines. L'haleine doit être fraîche.

LE PELAGE
Il doit être propre et brillant, sans petits points noirs, révélant la présence de puces. Des tonsures ou la chute des poils indiquent une infection par la teigne.

L'ARRIÈRE-TRAIN
S'il est souillé, le chaton a des problèmes digestifs. La présence de ce qui ressemble à des grains de riz, signifie que votre chaton a des ténias.

BIEN S'OCCUPER DE SON CHAT

Dans l'ensemble, les chats se débrouillent très bien
tous seuls. Pourtant, ils ont de réels besoins auxquels
il faut savoir répondre. Même les chats les plus
indépendants peuvent demander
une attention particulière.

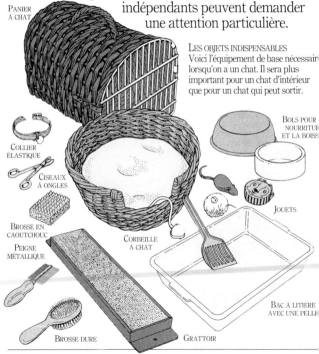

PANIER
À CHAT

LES OBJETS INDISPENSABLES
Voici l'équipement de base nécessaire
lorsqu'on a un chat. Il sera plus
important pour un chat d'intérieur
que pour un chat qui peut sortir.

BOLS POUR
NOURRITURE
ET LA BOISSON

COLLIER
ÉLASTIQUE

CISEAUX
À ONGLES

JOUETS

BROSSE EN
CAOUTCHOUC

PEIGNE
MÉTALLIQUE

CORBEILLE
À CHAT

BAC À LITIÈRE
AVEC UNE PELLE

BROSSE DURE

GRATTOIR

LES REPAS (À HEURE ET À ENDROIT FIXES, AU MOINS DEUX FOIS PAR JOUR)

COMPOSITION	PRÉPARATION	VALEUR	REMARQUES
Nourriture en boîte (viande, poissons ou céréales).	Verser directement la boîte dans l'assiette du chat.	Les chats aiment particulièrement le goût de ces plats préparés.	Doit être fraîche ; s'abîme rapidement lorsqu'il fait chaud.
Semi-humide (soja, pâté de viande et aliments sucrés).	Ouvrir le paquet et servir dans un plat propre.	Les chats préfèrent cette consistance à celle des aliments secs.	Plus les aliments sont secs, plus le chat doit boire de l'eau.
Aliments secs (croquettes de viande et céréales).	Verser directement le paquet dans le plat du chat.	Leur dureté évite la formation de tartre sur les dents et les gencives.	Légers à transporter et longue durée de conservation.
Lait (lait de vache ou lait spécial pour chats).	Verser dans un bol propre.	Riche en vitamines, en calcium et autres minéraux.	Le lait de vache peut provoquer des diarrhées.
Aliments frais (œuf, poisson, viande, volaille ou fromage).	Veiller à la fraîcheur du produit. Cuire avant de servir.	Ajoutent de la variété au régime du chat. Bons pour les convalescents.	Ces aliments ne suffisent pas : ils ne sont pas équilibrés par eux-mêmes.

LA TOILETTE DE VOTRE CHAT

Le brossage élimine les poils que l'on retrouve partout dans la maison, les touffes emmêlées et les puces, signalées par la présence de petits points sombres. Si vous en appercevez peignez votre chat à l'extérieur de la maison avec un peigne fin pour localiser les parasites. Appliquez ensuite les conseils de la page suivante, et mettez à votre chat un collier anti-puces.

Les touffes de poils emmêlés s'enlèvent avec un peigne métallique.

LES PROBLÈMES DE SANTÉ

CHAT
BLESSÉ

Les chats sont normalement en bonne santé, mais il peut leur arriver un certain nombre de problèmes. La plupart des maladies peuvent être évitées par la vaccination et des visites régulières chez le vétérinaire, que vous contacterez immédiatement en cas d'urgence.

ACCIDENTS SUR LA ROUTE

• Il est impossible d'empêcher un chat de traverser la route. La nuit est le moment le plus dangereux, parce que le chat peut être ébloui par les phares des voitures. Dans la mesure du possible, empêchez votre chat de sortir après la tombée de la nuit.

• Si votre chat a été heurté par une voiture, soulevez-le avec précaution, en veillant à ce que son corps reste bien à plat, en cas de lésions internes. Placez vos mains sous la poitrine et le bassin du chat ou utilisez un morceau de tissu comme une civière. Ne soulevez pas sa tête.

• Après un accident, il faut toujours consulter un vétérinaire, seul capable de déterminer d'éventuelles lésions internes. Veillez à ce que le chat reste au chaud sans bouger.

PROBLÈMES DE DIGESTION

• Il y a de nombreuses causes aux troubles intestinaux. Les symptômes sont : vomissements, perte de l'appétit, perte de poids, diarrhées ou constipation.

• Un chat vomit normalement de temps en temps, surtout s'il a mangé de l'herbe. Si les vomissements sont accompagnés de diarrhée ou si vous remarquez la présence de sang dans les selles, contactez immédiatement un vétérinaire.

• Surveiller l'émergence de la troisième paupière et le gonflement ou la souplesse de l'abdomen. Si l'un des symptômes persiste au-delà de 24 heures, appelez un vétérinaire.

• En cas de constipation, versez une cuillère à dessert d'huile de paraffine dans la nourriture du chat une fois par jour pendant quelques jours.

EMPOISONNEMENT

• Certains médicaments, tel l'aspirine, sont mortels pour les chats. Les produits d'entretien seront mis hors de leur portée. Les symptômes d'un empoisonnement sont : vomissements, convulsions, bave ou perte de connaissance.

• Il arrive que les chats boivent du liquide anti-gel pour voitures, produit extrêmement toxique. Dans ce cas, précipitez-vous chez le vétérinaire qui donnera au chat un antidote pour arrêter les effets du poison.

• Le poil du chat peut avoir été en contact avec des substances nocives et l'animal peut donc s'empoisonner en faisant sa toilette. Lavez le chat et enveloppez-le dans une serviette pour l'empêcher de se lécher. Si le cas est grave, contactez le vétérinaire.

BLESSURES ET SAIGNEMENTS

• Les chats peuvent se blesser en se battant ou de toute autre manière. Si les blessures sont bénignes, vous pourrez règler vous-même le problème. Si elles vous paraissent graves, consultez le vétérinaire.

• Si le chat perd beaucoup de sang, appuyez sur la blessure avec du coton hydrophile que vous maintiendrez avec une bande.

• Les morsures et les piqûres doivent être bien nettoyées. Coupez les poils autour de la lésion et nettoyez avec de l'eau salée tiède.

• Un abcès qui se développe doit percer au bout de 24 heures si vous baignez la zone infectée. Continuez à nettoyer pendant quelques jours. Si nécessaire, administrez un antibiotique.

LES PARASITES

• De nombreux parasites, internes ou externes, peuvent infester un chat. Les puces sont les plus fréquentes. Les chats et les chatons qui chassent beaucoup sont davantage susceptibles d'attraper des parasites internes.

• Vérifiez régulièrement la fourrure de votre chat pour repérer les puces, les tiques ou tout autre parasite. Si vous en trouvez, vaporisez ou poudrez le pelage avec un anti-parasite. Désinfectez les tapis et la couche du chat pour éviter la reproduction des parasites.

• Si votre chat a des vers, les symptômes sont : perte de poids, diarrhées, gonflement de l'abdomen et léchage excessif de l'arrière-train. Le vétérinaire vous prescrira des comprimés ou une poudre qui suppriment les vers.

LES PREMIERS SOINS

Soignez vous-même votre chat dans les cas sans gravité. Mais si l'animal vous paraît mal en point, contactez sans attendre un vétérinaire. De toute façon, il est conseillé de posséder une trousse d'urgence et quelques médicaments.

TROUSSE D'URGENCE ÉLÉMENTAIRE
1 Désinfectant non irritant. 2 Solution oculaire. 3 Huile de paraffine (contre la constipation). 4 Crème antiseptique. 5 Solution antiseptique. 6 Ciseaux à bouts ronds. 7 Bandes. 8 Thermomètre médical. 9 Pince à épiler. 10 Compresses de gaze. 10 Pansements adhésifs. 11 Coton hydrophile. 12 Bâtonnets ouatés.

PRENDRE LA TEMPÉRATURE
Immobilisez le chat, pour éviter griffures et morsures. Soulevez la queue et maintenez le thermomètre lubrifié à 2,5 cm à l'intérieur du rectum pendant au moins une minute. La température normale est d'environ 38,6 °C.

Maintenez le chat par la peau du cou

ADMINISTRER LES COMPRIMÉS
Ouvrez la bouche du chat, la tête penchée en arrière, et introduisez le comprimé dans la gorge. Maintenez la bouche fermée en caressant le cou jusqu'à ce que le chat déglutisse.

LES CORPS ÉTRANGERS

Enlevez avec une pince à épiler les échardes ou tout autre objet planté entre les orteils. Si c'est dans le coussinet, adressez-vous au vétérinaire, qui fera moins souffrir le chat et saura quoi faire en cas de saignement.

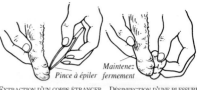

Pince à épiler   *Maintenez fermement*

EXTRACTION D'UN CORPS ÉTRANGER   DÉSINFECTION D'UNE BLESSURE

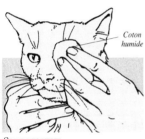

Coton humide

SOINS DES YEUX

En cas d'infection oculaire, nettoyez les sécrétions, puis instillez du collyre ou appliquez une pommade et maintenez l'œil fermé pendant quelques secondes.

BANDAGE DES LÉSIONS SUPERFICIELLES

En cas de blessure, appuyez sur la plaie pour arrêter l'hémorragie. Nettoyez la zone atteinte et maintenez une compresse à l'aide d'une bande (sans trop serrer).

AUSCULTATION

Si votre chat a perdu connaissance, appelez vite un vétérinaire. Vérifiez la respiration, le pouls, puis les battements du cœur, sous le coude, à la partie inférieure du poitrail. Si nécessaire, stimulez le cœur par des pressions légères.

Contrôlez la respiration.

Rythme normal : entre 160 et 240 battements/ minute.

Couchez le chat sur le côté droit.

VÉRIFICATION DE LA RESPIRATION   VÉRIFICATION DU RYTHME CARDIAQUE

COMPRENDRE SON CHAT

Les chats communiquent vocalement par des ronronnements, des miaulements et des cris. Ils utilisent aussi des mimiques et un langage corporel. Les chats domestiques ont un comportement très semblable à celui de leurs cousins sauvages, mais ils ont dû s'adapter pour partager leur territoire avec d'autres animaux et avec l'homme.

REVENDICATION DE LA PROPRIÉTÉ

Le chat marque son territoire, en se frottant partout. Il possède des glandes à sécrétion odoriférante autour du menton et près de l'arrière-train. Il se frotte aussi contre vous pour montrer que vous lui appartenez.

RONRONNEMENT DE PLAISIR

On ne sait pas trop comment il est produit, sans doute par vibration des membranes situées près des cordes vocales, dans la gorge. En général le ronronnement est une manifestation de plaisir ou de détente, mais un chat malade ou perturbé peut aussi ronronner.

Oreilles dressées pour recueillir l'information

Yeux mi-clos en signe de bien-être

Oreilles légèrement tournées vers l'avant

SUR LE QUI-VIVE

Quelque chose a attiré l'attention de ce jeune chat. Il écarquille les yeux et fixe intensément, dans l'attente d'une menace ou d'une proie. Il marque un temps d'arrêt, évaluant le danger, et reste vigilant.

CONTENT

Détendu et tranquille, ce chat est sur le point de s'endormir dans un environnement confortable. Les yeux mi-clos ne regardent rien. Peut-être ronronne-t-il.

Oreilles basses

Pupilles dilatées par la peur

Regard attentif

Langue arquée en signe de colère

CURIEUX

Le chat pointe ses oreilles vers l'avant pour recueillir les sons, évaluant l'objet de sa curiosité. Son corps exprime une hésitation (il se peut qu'il remue la queue) pouvant se transformer en agressivité.

AGRESSIF

En colère ou appeuré, le chat baisse les oreilles et montre ses dents. Ses moustaches sont tendues et il émet une sorte de sifflement agressif pour intimider l'ennemi.

RECORDS DU MONDE FÉLINS

On ne manque pas d'histoires étonnantes sur les chats. La plupart tournent autour de leur longue et pittoresque vie avec l'homme. La manière dont ils se sont adaptés au cours des âges est également passionnante.

TAILLE

• Le plus grand félin sauvage : tigre sibérien, 4 m du museau à l'extrémité de la queue ; jusqu'à 384 kg.

• Le plus petit félin sauvage : le chat à pieds noirs, 57,5 cm du museau à l'extrémité de la queue.

• Félin sauvage le plus léger : le chat rouilleux, 1,36 kg.

• Chat domestique le plus lourd : un mâle tabby d'Australie, 21,3 kg au moment de sa mort, en 1986.

• Chat domestique le plus léger : un Siamois croisé de 790 g.

HISTOIRE

• Une sépulture impressionnante : on a trouvé 300 000 chats momifiés dans une antique tombe égyptienne.

• Chats guerriers : en 500 av. J.-C., les Perses utilisaient des chats comme bouclier contre les Égyptiens qui n'osaient pas tuer cet animal sacré.

• Libération : un décret japonais de l'an 1000 libéra les chats domestiques pour tuer les souris dans les fermes.

• Utilisation inattendue : en Grande-Bretagne, du XIVe au XVIIIe siècle, on encastrait les chats morts dans les murs pour effrayer les souris.

ANOMALIES

• Mutation la plus rare : chats domestiques nés avec des excroissances de peau sur le dos, comme des ailes. Un chat suédois avait une "aile" de 59 cm.

• Anomalies les plus nombreuses : en 1975 aux États-Unis, un chat domestique est né avec cinq pattes, six pieds et 30 orteils.

• Cas rare : dans un zoo de Calcutta, en Inde, naissance d'un "litigon", croisement de lion et de tigon (lui-même déjà un croisement de tigre et de lionne). Un autre cas fut signalé à Thoiry, en France.

CHASSE

• Meilleur souricier : une chatte qui vivait dans une distillerie de whisky en Écosse a tué 28 899 souris, 3 par jour pendant 20 ans.

• Le plus féroce : record du nombre de victimes humaines pour un seul grand félin, 84 pour un lion, 400 pour un léopard et 436 pour un tigre.

LONGÉVITÉ

• Chat domestique : une chatte British tabby mourut en 1957 âgée de 34 ans.

• Plus vieux félin sauvage : un lion du zoo de Cologne, en Allemagne, vécut jusqu'à 29 ans. Dans la nature, l'espérance de vie d'un lion dépasse rarement 12 ans.

CÉLÉBRITÉ

• Le plus célèbre : Léo, lion de la MGM tourna dans de nombreux films et spots publicitaires.

• Félin le plus célèbre de la littérature : le chat dans *Old Possum's Book of Practical Cats* de T.S Eliot (1939), qui a inspiré *Cats*, joué dans le monde entier et prix de la meilleure comédie musicale.

EXPLOITS

• Voyage le plus long : une chatte Persan américaine a parcouru 2400 km en 13 mois pour retrouver son maître.

• Meilleur grimpeur : en 1950, un chaton de quatre mois a suivi des alpinistes jusqu'au sommet du Matterhorn – 4 478 m – dans les Alpes.

VIE DE FAMILLE

• Meilleure génitrice : une chatte du Texas a eu 420 chatons au cours de sa vie.

• Mère la plus vieille : en 1987, une chatte âgée de 30 ans a eu deux chatons.

• Le plus dangereux : le mâle d'une troupe de lions peut tuer tous les lionceaux qui ne sont pas les siens.

VALEUR

• Repas le plus cher : un Persan a avalé une bague en diamants d'une valeur de 30 000 francs.

• Collection la plus importante : un fermier texan a eu jusqu'à 1 400 chats dans sa ferme.

• Chatons les plus chers : un chaton Bengali peut se vendre 10 000 francs.

« Le monde ressemble
à un chat
qu'on a voulu noyer dans
une rivière; il en est ressorti
tant bien que mal,
et il fait à présent sa toilette,
polissant ses poils
avec sa langue. »

Benjamin Constant,
Lettre à Mme de Nassau

Adresses

La liste suivante n'est pas exhaustive.
Elle constitue un point de départ.

SPCA
5215, rue Jean-Talon Ouest
Montréal (Québec)
H4P 1X4
tél.: (514) 735-2711

Club Félin
388, rue Pineridge
Rosemère (Québec)
J7E 4H4
tél.: (514) 621-8636

Feline Protection and Adoption
33 Aven road
Scarborough (Ontario)
M1C 1V1
tél.:(416) 282-4111

Glossaire

ASCENDANCE
Les ancêtres d'un chat, en remontant de génération en génération.

BOURRE
Poils courts, épais et raides situés sous la couche superficielle de fourrure.

CAMOUFLAGE
Couleurs ou marques qui permettent à un animal de se confondre avec la nature environnante.

CARACTÉRISTIQUE DOMINANTE
Caractéristique génétique que l'on retrouve à la fois chez un parent et chez ses petits.

CASTRATION
Ablation chirurgicale des organes de la reproduction.

CLASSIFICATION
Système d'organisation des êtres vivants en fonction de leurs caractères communs.

CONSANGUINITÉ
Croisements entre des animaux de même souche, qui risquent de provoquer des mutations génétiques (ou dégénérescences) chez les descendants.

CROISEMENT
Accouplement entre deux races félines différentes.

DOUBLE FOURRURE
Superposition d'un sous-poil court et doux et d'une fourrure épaisse et résistante.

DUVET
Poils courts et très doux qui poussent en touffes et assurent l'isolation.

ÉLEVAGE À BASE DE SÉLECTION
Élevage contrôlé par l'homme, dans le but d'obtenir des caractéristiques désirées.

EN CHALEUR
Se dit des périodes au cours desquelles une chatte cherche un partenaire pour s'accoupler.

ENTIER, ENTIÈRE
Mâle et femelle qui n'ont pas été castrés.

ESPÈCE
Groupe d'animaux semblables qui peuvent engendrer des descendants qui seront eux-mêmes fertiles.

ÉVOLUTION
Théorie expliquant comment les êtres vivants s'adaptent et se transforment au fil des générations.

EXTINCTION
Disparition totale d'une espèce.

FÉLIN
Membre de la famille des chats, les Félidés.

GOUTTIÈRE
Chat sans pedigree, qui n'a pas été élevé pour correspondre à des standards précis (chat de gouttière).

GRIFFES RÉTRACTILES
Griffes tantôt invisibles (quand le chat est détendu), tantôt sorties (quand le chat veut s'en servir).

HARET
Ancien chat domestique retourné à l'état sauvage.

HYBRIDE
Chaton qui résulte du croisement d'espèces différentes.

JARRE
Poils longs et épais qui constituent la partie superficielle de la fourrure et qui portent les motifs.

KÉRATINE
Substance constituant les cellules superficielles de l'épiderme humain ou animal (ongles, griffes, cheveux, poils, etc.).

MUE
Perte saisonnière
du pelage.

MUTATION
Transformation génétique
qui peut être inoffensive
ou dangereuse.

NOCTURNE
Actif la nuit.

ORGANE DE JACOBSON
Organe de la voûte du
palais et relié aux organes
de l'odorat et du goût.

PAPILLES
Minuscules crochets
pointus qui donnent à la
langue du chat sa texture
râpeuse.

PARASITES
Puce ou toute autre
bestiole qui puise
ses substances vitales
chez un autre animal.

PEDIGREE
Document écrit
comportant l'identité
et l'arbre généalogique
d'un chat de race.

PELOTE CARPIENNE
Coussinet anti-dérapant
situé au niveau du
"poignet" du chat sur les
pattes antérieures.

PELOTES
Coussinets résistants,
tannés et dépourvus
de poils, situés sous les
pattes du chat.

POINTS
Zones de poil plus foncés

sur la tête, les oreilles,
les membres, les pattes
et la queue.

PHÉROMONE
Sécrétion externe
produite par les chats
pour stimuler un
partenaire.

POLYDACTILE
Se dit d'un chat né avec
un nombre d'orteils
supérieur à la normale.

PORTÉE
L'ensemble des chatons
nés au même moment
et de la même mère.

PRÉDATEUR
Animal qui chasse pour
se procurer la nourriture
nécessaire à sa survie.

RACE
Ensemble des chats
présentant des caractères
communs selon des
standards bien définis.

RETROUSSEMENT
DE LA LÈVRE ("FLEHMEN")
Moue typique d'un félin
qui fait entrer l'air dans
sa bouche sur l'organe
de Jacobson.

SILVER
Couleur de robe argentée.

TABBY
Pelage à marques
sombres, rayé, tacheté
ou moucheté.

TAPETUM LUCIDUM
"Miroir" de cellules
situées derrière la rétine

du chat. Elles renvoient
la lumière sur
la rétine et permettent
à l'animal de bien voir
pendant la nuit.

TERRITOIRE
Zone occupée par un félin
et défendue par celui-ci
contre les autres félins.

TIQUETAGE
Caractérise une fourrure
tiquetée dans laquelle
chaque poil porte
des bandes de couleur
(on dit parfois "ticking").

TROISIÈME PAUPIÈRE
Membrane située
sous la paupière
supérieure et qui
n'apparaît qu'en cas
de maladie
ou de blessure.

TROUPE
Groupe de lions, en
général de même souche,
qui vivent et chassent
ensemble.

VAIRONS
Chacun des deux yeux
d'une couleurs différente.

VIBRISSES
Moustaches constituées
de poils tactiles dotés
de terminaisons
nerveuses très sensibles
à la racine.

VISION BINOCULAIRE
Utilisation des deux yeux
pour fixer un objet et en
évaluer la distance.

Index